URBAN
SKETCHING

URBAN SKETCHING BASICS

Stephanie Bower

Übersetzung: Elvira Willems
Lektorat und Copy-Editing: Barbara Lauer, Bonn
Lektoratsassistenz: Anja Weimer
Satz: Petra Strauch, Bonn
Herstellung: Stefanie Weidner
Umschlaggestaltung: Janine May

Bibliografische Information der Deutschen Nationalbibliothek.
Die Deutsche Nationalbibliothek verzeichnet diese Publikation in der Deutschen Nationalbibliografie; detaillierte bibliografische Daten sind im Internet über *http://dnb.d-nb.de* abrufbar.

ISBN 978-3-86490-745-6

1. Auflage 2020

Title of American original: The Urban Sketching Handbook – 101 Sketching Tips
Published by Quarry Books, a member of Quarto Publishing Group USA Inc.
ISBN: 978-1-63159-765-7

Schreiben Sie uns:
Falls Sie Anregungen, Wünsche und Kommentare haben, lassen Sie es uns wissen: hallo@dpunkt.de.

5 4 3 2 1

FSC www.fsc.org MIX Papier | Fördert gute Waldnutzung FSC® C008047

URBAN SKETCHING

URBAN SKETCHING BASICS

101 erprobte Techniken, Tipps und Tricks

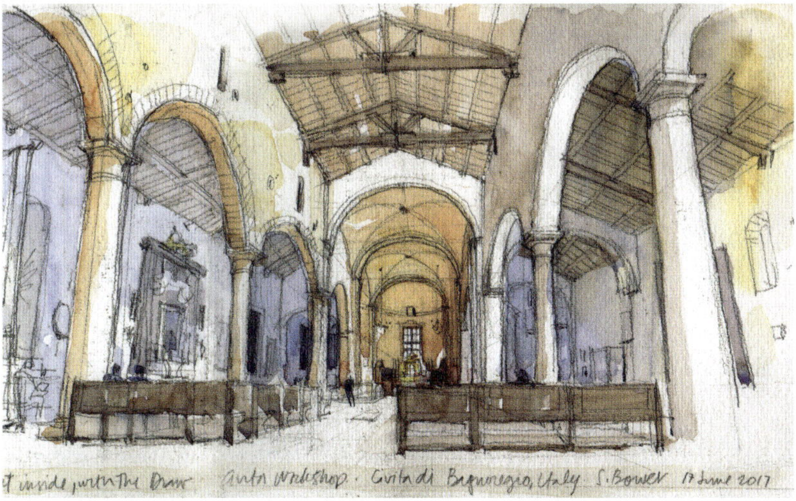

STEPHANIE
BOWER

QUARRY

dpunkt.verlag

Über diese Reihe

Dieser vierte Band unserer Urban-Sketching-Bücher enthält eine Vielzahl praktischer und überraschender Techniken, Tipps und Tricks für das Zeichnen unterwegs. Ob Sie erst angefangen haben oder schon versierter sind, ob Sie mit Bleistift oder Fineliner zeichnen oder malen, ob Sie vor Ort arbeiten oder im Atelier, Sie finden hier jede Menge nützliche Anregungen.

Unsere Urban-Sketching-Bücher

Gabriel Campanario:
Architektur und Stadtlandschaften
ISBN: 978-3-86490-287-1

Gabriel Campanario:
Menschen und Bewegung
ISBN: 978-3-86490-381-6

Stephanie Bower:
Perspektive verstehen
ISBN: 978-3-86490-481-3

JEONG SEUNG-BIN, Südkorea

Flughafen Heathrow, London (im Flieger nach Barcelona)

14,8 x 21 cm, Zeichenfüller Tachikawa Linemarker A.T mit wasserfester Tinte und Aquarellfarben Schmincke Horadam in Aquarellbuch Fabriano; ca. 30 Minuten

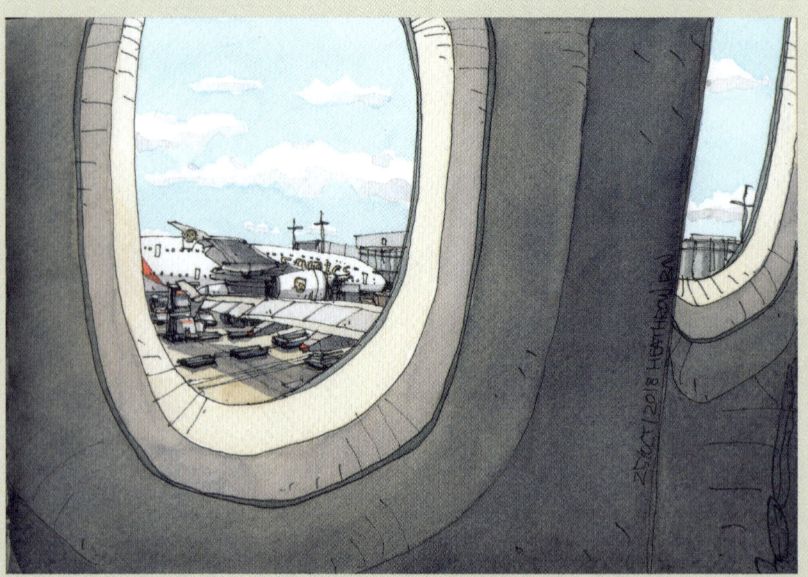

INHALT

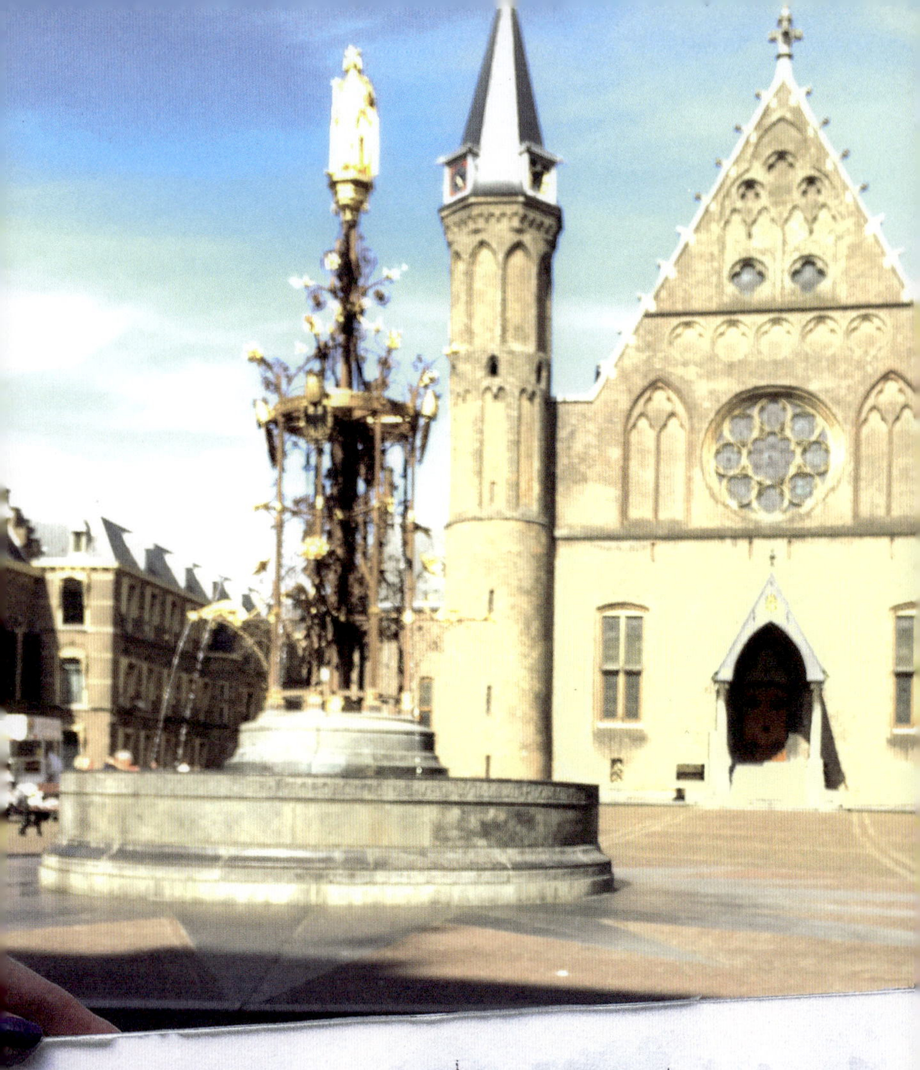

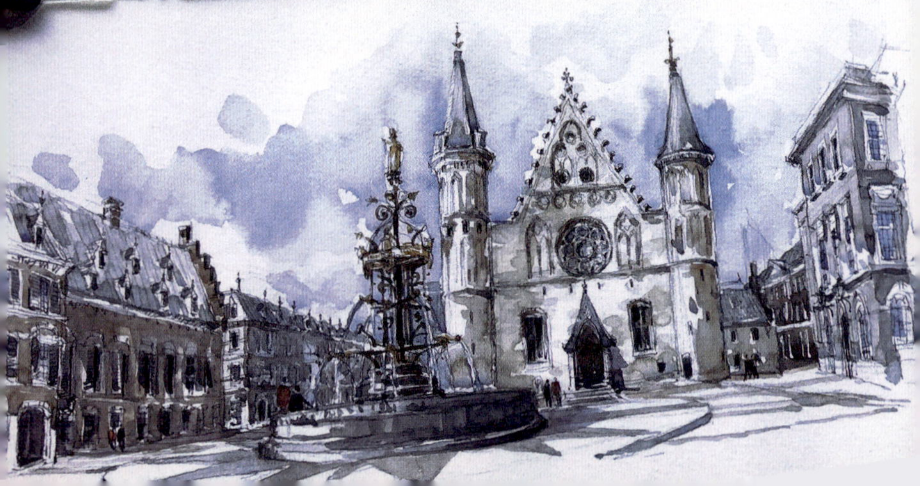

EINFÜHRUNG

Wussten Sie, dass Türme wie Hochzeitstorten aussehen und Bäume wie Regenschirme? Oder dass der Vergleich mit Milchprodukten beim Aquarellieren hilft?

Witzige Aha-Momente beim Zeichnen erlebe ich, wenn ich komplexe Objekte in Beziehung zu Alltagsdingen setze. Mit solchen Analogien arbeite ich auch im Unterricht, denn sie nehmen dem vielschichtigen Prozess des Zeichnens dessen, was wir vor Augen haben, den Schrecken.

Dieses Buch fasst meine besten Tricks, Techniken und Erkenntnisse im Taschenformat zusammen, sodass Sie es beim Zeichnen immer dabeihaben können. In den fantastischen Zeichnungen von Künstlerinnen und Künstlern aus der ganzen Welt werden diese 101 Tipps wie von Zauberhand lebendig. Vom Ziehen einer energievollen Linie bis hin zur Anatomie eines Gewölbes geben diese Einblicke Ihnen Anregungen, Vertrautes auf neue Art zu sehen und beim Zeichnen Ihre eigenen Aha-Momente zu erleben.

Also, schnappen Sie sich ein Skizzenbuch und einen Stift – oder ein Tablet und einen digitalen Eingabestift – und los geht's!

⊂ Stephanie Bower, USA

Rittersaal, Den Haag

20,3 x 40,6 cm; Drehbleistift und Aquarellfarben; 2 Stunden

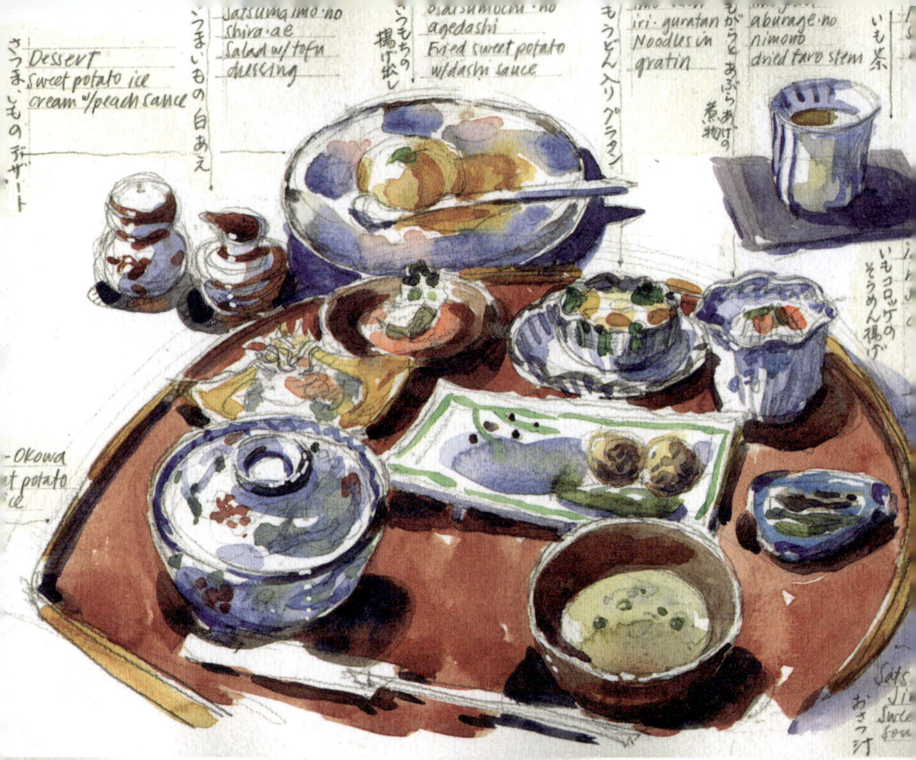

さつまいものデザート
Dessert
Sweet potato ice cream w/peach sauce
うまいもの白あえ
Satsumaimo no shira-ae
Salad w/ tofu dressing
うもちの揚げ出し
agedashi
Fried sweet potato w/dashi sauce
もうどん入りグラタン
iri-guratan
Noodles in gratin
もがらとあぶらあげの煮物
aburage no nimono
dried taro stem
いも茶
いもコロッケのそうめん揚げ
-Okowa
おさつ汁

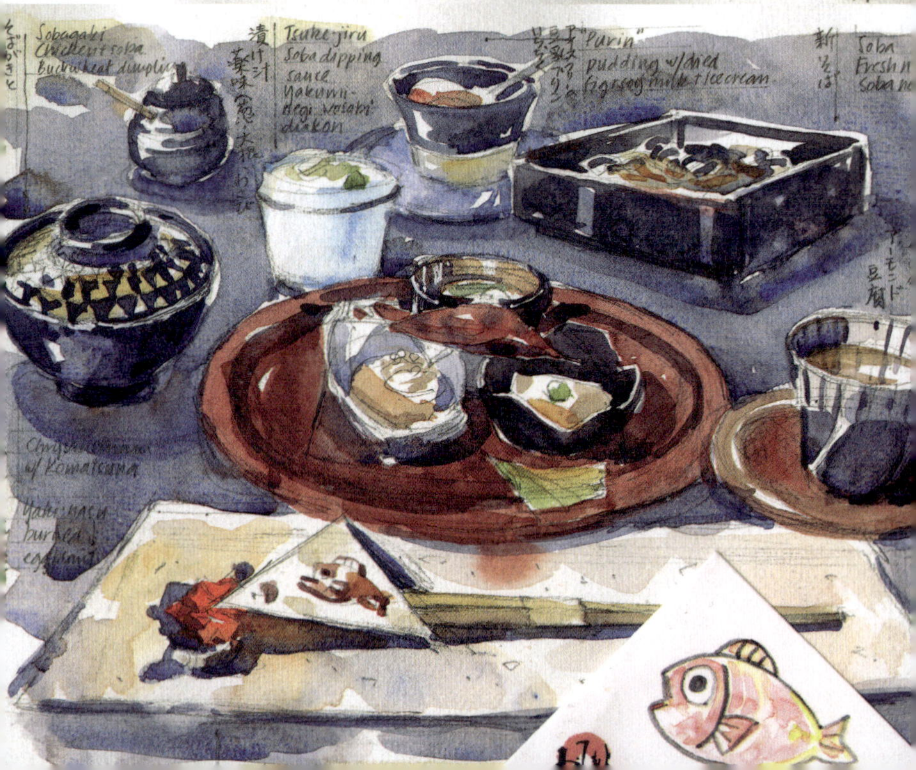

そばがきと
Sobagaki
Chestnut soba
漬け汁
薬味(葱、大根、わさび)
Tsuke-jiru
Soba dipping sauce
Yakumi-
negi, wasabi,
daikon
"Purin"
pudding w/dried figs, soy milk + ice cream
新そば
Soba
アーモンド豆腐
w/ Komatsuna

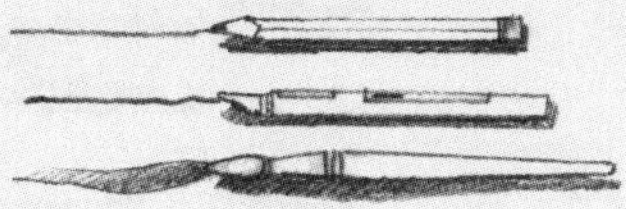

SCHLÜSSEL I
ACHTUNG, FERTIG …

Sind Sie bereit für ein Zeichenabenteuer?

Zeichnen ist eine tolle Möglichkeit, einen (genaueren!) Blick auf die Welt zu werfen. Dass das Zeichnen überall auf der Welt so populär ist, hat viele Gründe. Es bringt die kreativen Quellen zum Sprudeln, beruhigt und fokussiert den Geist. Sie lernen etwas über das, was Sie sehen, und die Orte, die Sie besuchen, und können es sich später wieder in Erinnerung rufen. Und es verbindet Sie mit anderen Menschen und der Zeichnen-Community. Zeichnen kann süchtig machen.

Ob Sie jeden Tag zeichnen, nur auf Reisen oder bloß ab und zu mal, hier finden Sie etliche Tipps, mit denen Sie gut gewappnet sind für große Herausforderungen und sehr viel Spaß.

STEPHANIE BOWER, USA

Mittagessen und Abendessen in Kawagoe, Japan

Japanische Schrift von Miyuki Yokota

17,8 x 25,4 cm; Drehbleistift und Aquarellfarben in Skizzenbuch Pentalic; jeweils 1 Stunde

1. Zeichnen und malen Sie, wenn möglich, vor Ort.

Okay, vor Ort zu zeichnen und zu malen ist nicht ohne. Alles ist in Bewegung. Leute sehen zu. Der Wasserbehälter ist gerade umgekippt. Aber es lohnt sich.

Vor Ort zu arbeiten ist toll. Beim Zeichnen und Malen aus der unmittelbaren Betrachtung fließt die Energie Ihrer Erlebnisse in Ihre Arbeit ein und erfüllt sie mit Leben. Es geht nicht um die perfekte Wiedergabe dessen, was Sie sehen, sondern darum, Ihre einzigartige Erfahrung festzuhalten. Wenn Sie vor Ort arbeiten, sehen Sie besser und lernen mehr. Ihre Zeichnungen sind frisch und halten den Augenblick auf Papier und in Ihrem Herzen fest.

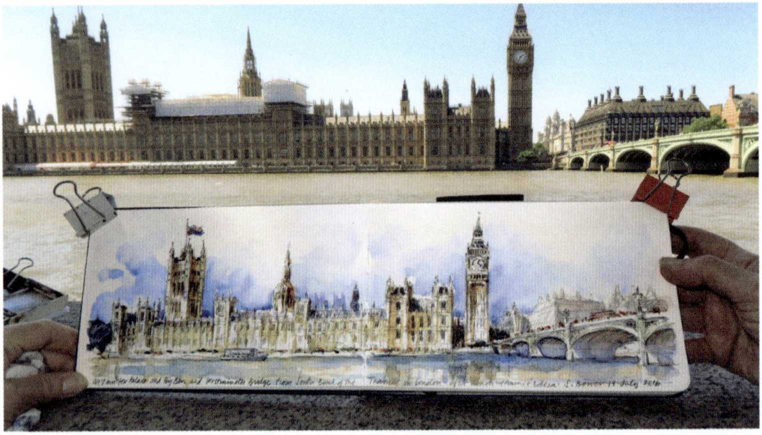

STEPHANIE BOWER, USA

Mit Anne und Beliza an der Themse

12,7 x 40,7 cm; Drehbleistift mit Mine 2B und Aquarellfarben in Skizzenbuch Aqua Journal Pentalic; 45 Minuten

2. Reisen Sie mit leichtem Gepäck.

Für das Zeichnen vor Ort ist transportables Werkzeug unabdingbar. Bei ihrer Ausrüstung sind Urban Sketchers unglaublich erfinderisch.

Bewährt hat sich klein und leicht: ein Alu-Klapphocker, eine Kunststoff-Wellplatte als Arbeitsfläche auf dem Schoß, Reisepinsel, deren Spitzen geschützt sind, ein Beutel für trockene Materialien (z. B. Skizzenbuch, Bleistifte, Radiergummi), ein zweiter für feuchte (z. B. Aquarellfarben und -pinsel, Feder und Tusche etc.). Stecken Sie alles in eine leichte Tasche oder einen Rucksack, in dem es sicher verstaut ist.

3. Fangen Sie klein an.

Neu hier? Fangen Sie klein an! Ein kleines Blatt zu füllen ist längst nicht so beängstigend und verführt auch nicht so leicht dazu, sich in Details zu verlieren. Nehmen Sie ein Skizzenbuch im Taschenformat, das Sie immer bei sich tragen können, um bereit zu sein, wenn die Inspiration zuschlägt!

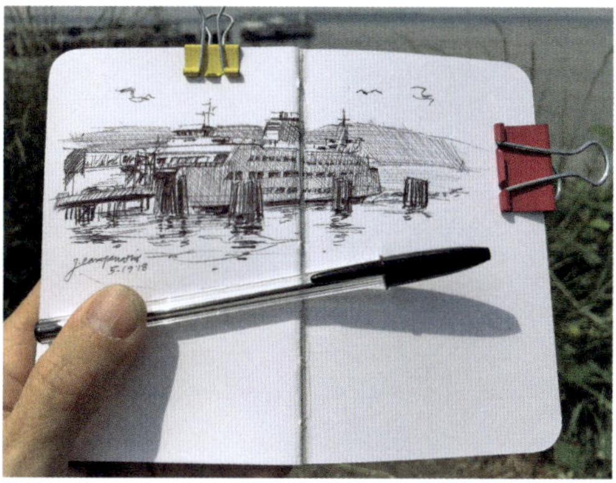

GABRIEL CAMPANARIO, USA

Fähranleger in Edmonds, WA

17,8 x 14 cm; Kugelschreiber in kleinem Skizzenbuch Stillman & Birn Epsilon Series; 30 Minuten

Der Zeichner Gabi Campanario, Seattle, Begründer der Urban Sketchers, hat oft ein kleines Skizzenbuch und einen Stift dabei – einfache Werkzeuge, um rasch eine Szene festzuhalten.

4. Beginnen Sie mit etwas Einfachem.

Auf einer Indienreise traf ich vor Jahren eine Frau, die ebenfalls zeichnete. Aufgeregt zückte sie ein winziges Skizzenbuch voller Bilder, etwa die Krone einer Palme oder das Gesicht eines Kamels – also nicht die architektonischen Meisterwerke, mit denen ich mich abmühte. Sie machte es genau richtig. Sie wollte keine großen Kunstwerke schaffen; sie wollte wichtige Augenblicke ihrer Reise festhalten. Ihre Zeichnungen waren für sie genauso wichtig wie mir meine.

Lassen Sie sich also nicht von dem Gedanken erdrücken, Sie müssten große Kunstwerke schaffen. Fangen Sie mit etwas Kleinem an; es geht nur darum, Ihre Erfahrungen in einer Zeichnung festzuhalten.

SUE HESTON, USA

Bahnübergang

20,3 x 28 cm; Fineliner und Tusche in handgebundenem Skizzenbuch; 10 bis 15 Minuten

Sue erzählt ihre Geschichte mit einer einfachen, kühnen Komposition.

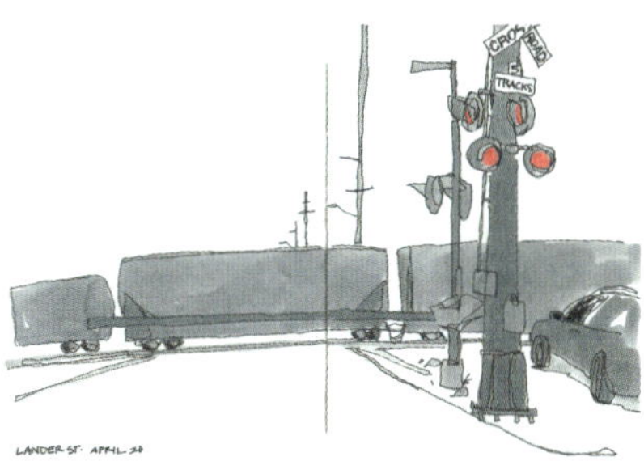

5. Gönnen Sie sich schönes Zeichenwerkzeug.

Ein edler Pinsel, ein hübsches Skizzenbuch, ein toller Stift oder ein Tablet kann Sie inspirieren, mehr zu zeichnen. Heben Sie es nicht für später auf, wenn Sie »besser« sind. Jetzt ist die Zeit!

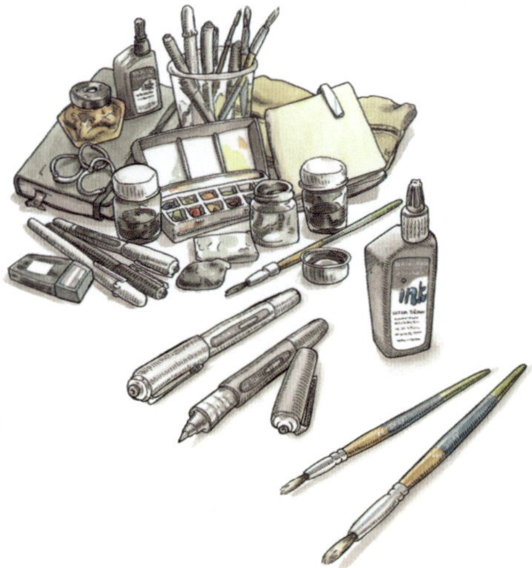

➲ STEVEN REDDY, USA

Werkzeug

22,9 x 30,5 cm; Tintenroller Uniball, Tuschelasur, Aquarellfarben; 2 Stunden

Was ist dein liebstes Zeichenmaterial?

Shari Blaukopf: Aquarellbuch Travelogue

Rob Sketcherman: iPad Pro, Apple Pencil und Procreate (App)

Richard Hind: Tintenroller Uni-Ball Eye Micro mit wasserfester Tinte

Ellie Doughty: Parallel Pen Pilot 1.5

Don Low: Füller Hero

Iain Stewart: Bleistift Palomino Blackwing

Stephanie Bower: Reisepinsel Escoda Reserva Größe 10

Suhita Shirodkar: Füller Sailor Fude de Mannen

Paul Heaston: Füller mit abgewinkelter Feder

Ian Fennelly: Pinselstift Tombow

Alex Hillkurtz: Füller Guilloche Faber-Castell

Richard Briggs: Fineliner Artline Drawing System; auf gefundene Objekte zeichnen

alienbinbin: Fineliner Sakura Pigma Micron und Skizzenbuch Moleskine

6. Zeichnen Sie viel.

Quantität geht vor Qualität. Die Koordination von Hand, Augen und Hirn erfordert viel Übung.

Beim Zeichnen ist es wie beim Erlernen einer neuen Sprache. Anfangs ist es eine Herausforderung, sich ein Vokabular anzueignen, doch durch Ausprobieren werden Sie sicherer. Bleiben Sie dran. Je mehr Sie zeichnen, desto besser werden Ihnen Ihre Zeichnungen gefallen.

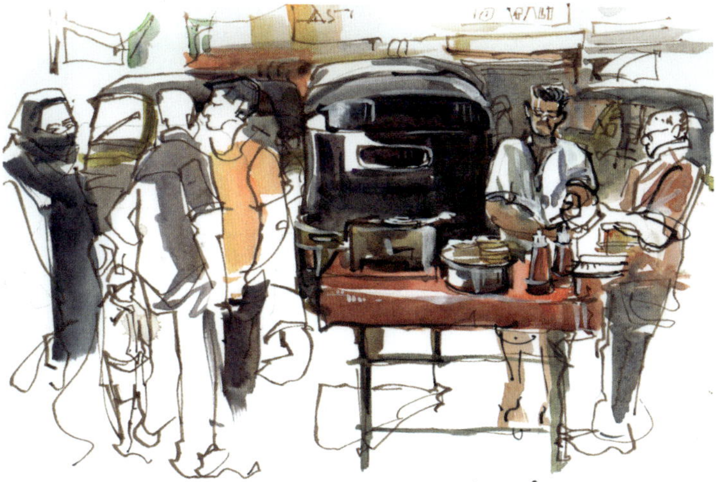

7. Je mehr Sie zeichnen, desto mehr verstehen Sie fürs nächste Mal.

Zeichnen heißt Probleme lösen. Anfänger haben es auch deswegen schwer, weil sie sehr vieles auf einmal lernen müssen, z. B. ein Fenster oder einen Baum darzustellen. Auch dagegen hilft – gerade am Anfang – nur, viel zu zeichnen.

Wenn Sie sich in einigen Zeichnungen mit einem kniffligen Thema befasst haben, ist diese Hürde genommen. Ein Fenster oder einen Baum zu zeichnen wird dann einfacher, weil Sie bereits herausgefunden haben, welche Darstellungsart Ihnen liegt. Beim nächsten Mal wissen Sie, was Sie tun müssen. Das Zeichnen wird leichter, je mehr Sie zeichnen!

SUHITA SHIRODKAR, USA und Indien

Rahuls Sandwich-Stand, Bombay

22,9 x 30,5 cm; Aquarellfarben, Füller und Tinte; 30 Minuten

Suhita zeichnet überall, wo sie geht und steht ... von Obst und Blumen in ihrer Küche über den Musikunterricht ihrer Kinder bis hin zu Alltagsszenen. Sie ist schnell und produktiv, und das sieht man.

8. Zeichnen Sie da, wo Sie sind.

Sie müssen nicht nach Venedig reisen, um Inspiration zum Zeichnen zu finden. Zeichnen Sie ein Café, das Haus an der Ecke oder die Töpfe und Pfannen in Ihrer Küche.

JOSIAH HANCHETT, USA

Einbauküche

12,7 x 21 cm; Fineliner und Aquarellfarben; 1,5 Stunden

In einer Zeichnung festgehalten, werden selbst Alltagsdinge zu etwas Besonderem.

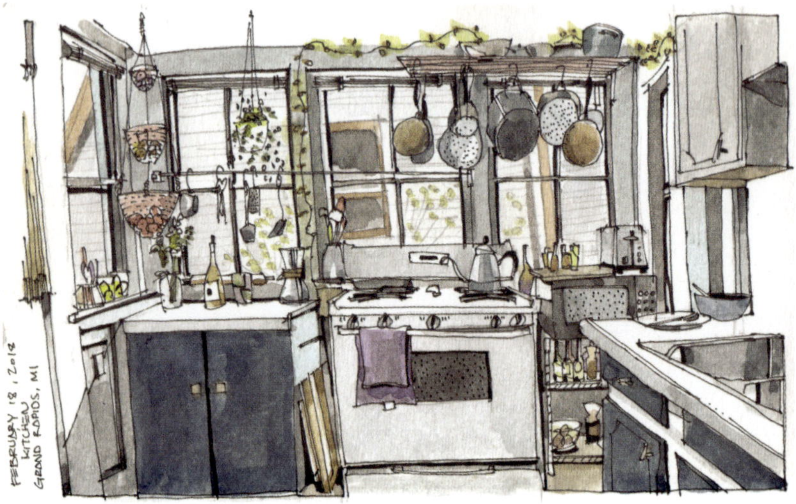

9. Warten Sie nicht, bis Sie »gut genug« sind.

Die schlechte Nachricht lautet: Das Zeichnenlernen ist ein lebenslanger Prozess. Selbst routinierte Zeichner produzieren Mist. Wir arbeiten immer daran, besser zu werden, also ignorieren Sie die kritische Stimme in Ihrem Kopf und legen Sie los! Beim Urban Sketching geht es nicht um das Ziel, sondern um die Reise – und das ist die gute Nachricht.

10. Versuchen Sie nicht, Ihren »Stil« zu finden.

Neulinge probieren oft verschiedene Zeichenstile aus, wie Schuhe im Laden. Es ist zwar gut, ein wenig in den Schuhen anderer Künstler zu wandeln, um zu experimentieren, aber geben Sie nicht zu viel auf das, was andere tun – machen Sie einfach das, was Ihnen entspricht. Ihre Hand ist genauso einzigartig wie Ihre Sicht auf die Welt. Sie haben schon einen Stil! Er wird sich entwickeln, verbessern und im Laufe der Zeit klarer hervortreten.

11. Freuen Sie sich über Publikum.

Befürchten Sie, dass die Leute sehen, was Sie machen, wenn Sie draußen zeichnen? Freuen Sie sich über neugierige Zuschauer. Wenn sie es besser könnten, würden sie auch zeichnen! Die meisten werden etwas Freundliches über Ihre Arbeit und Ihren Mut sagen – also lächeln Sie und verteilen Sie Visitenkarten, damit man Sie im Internet findet. Spornen Sie besonders Kinder an, vielleicht inspirieren Sie eine zukünftige Künstlerin, einen Künstler!

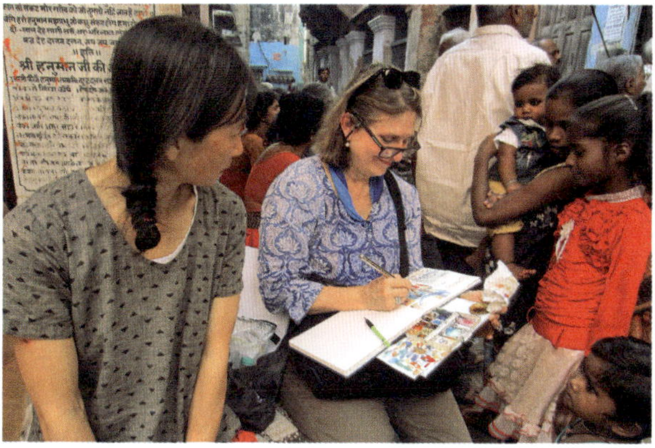

Varanasi, Indien *Foto von Nancy Haft*

12. Knüpfen Sie Verbindungen.

Warum hat sich das Urban Sketching zu einem globalen Phänomen entwickelt? Auf Reisen frage ich Menschen oft: »Warum zeichnen Sie gern?« Fast immer lautet die Antwort, dass es ums Verbinden geht.

Zeichnen verbindet uns mit Ort und Zeit. Um das, was wir sehen und empfinden, festzuhalten und uns den Augenblick genauer einzuprägen als jede Kamera, müssen wir gut hinschauen.

Zeichnen verbindet uns mit unserer kreativen Seite. Es beruhigt den Geist, und wir kommen in den »Flow«; es ist eine Art Meditation. Es fühlt sich gut an!

Zeichnen verbindet uns mit einer Community, ob live oder im Internet, und das ist wichtig. So eine Verbindung bietet Unterstützung, Motivation und Inspiration. Sie kann Leben verändern.

Machen Sie sich nicht allein auf in dieses Abenteuer. Suchen Sie sich eine Urban-Sketching-, Plein-Air-Zeichnen- oder Aquarell-Gruppe oder ein paar Freunde, die in einem Café zusammensitzen und zeichnen. Zeigen Sie Ihre Werke im Internet. Solche Verbindungen bereichern den Prozess, machen Spaß und motivieren Sie dranzubleiben.

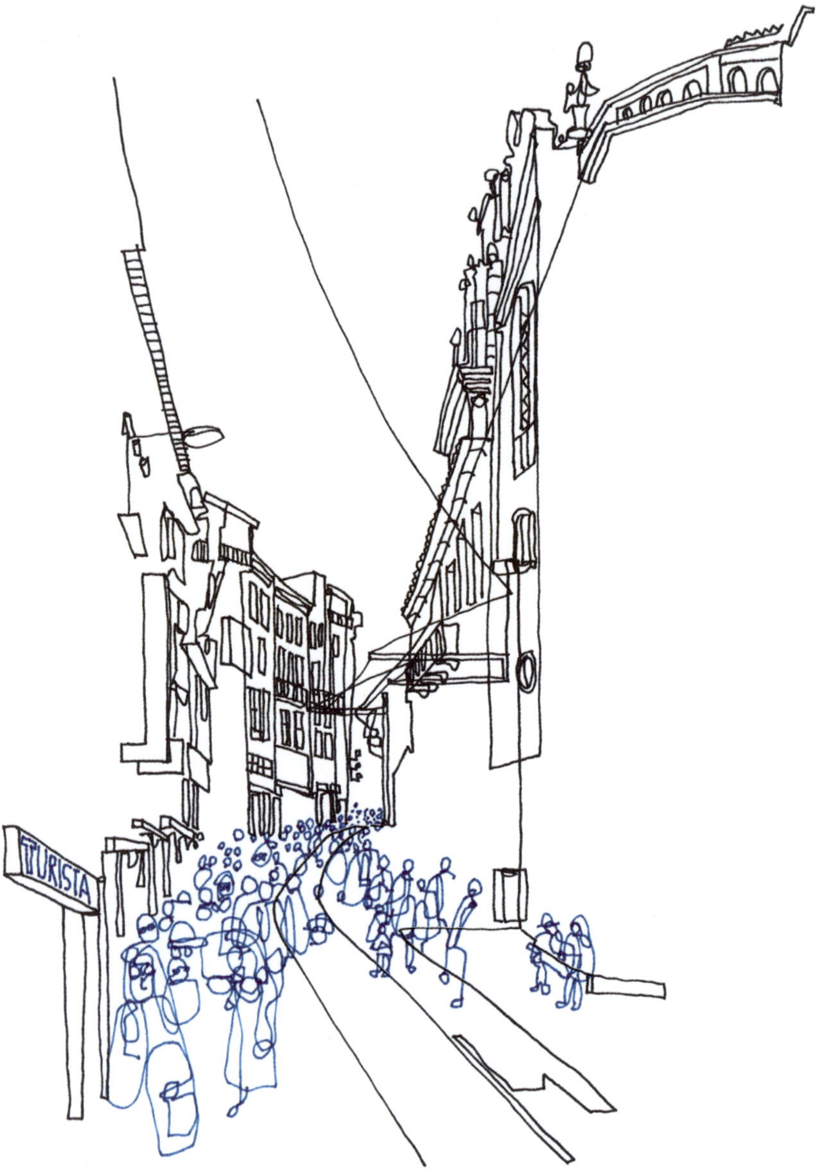
TURISTA

SCHLÜSSEL II
MIT EINER GUTEN LINIE FÄNGT ALLES AN

Das Fundament einer guten Zeichnung ist eine gute Linie – ob mit Bleistift, Pinsel oder auf dem Tablet.

Eine gute Linie lockt Sie mit ihrer Energie und ihrem Charakter in eine Zeichnung. Es ist erstaunlich, aber keine zwei Menschen können exakt dieselbe Linie ziehen. Die Qualität Ihrer Linie ist wie Ihre Unterschrift ... Sie ist einzigartig! Und was macht eine gute Linie aus?

⊂ RICHARD BRIGGS, Australien

Não São Só Turistas, Porto 2018

29,7 x 21 cm; Tuschestift auf Papier; 15 Minuten im Stehen

Richard Briggs' Zeichnung scheint wie von Zauberhand mit einer einzigen Linie gezogen. Er zeichnet mit einer Strichstärke und verlässt sich auf sein ausgeprägtes Gefühl für Perspektive, um dieser fantastischen Zeichnung Tiefe zu geben.

13. Experimentieren Sie mit verschiedenen Zeichenwerkzeugen.

Zeichnen ist ein relativ preiswertes Vergnügen. Probieren Sie verschiedene (Blei-)Stifte, Pinsel, Papiere aus und finden Sie heraus, was Ihnen gut in der Hand liegt und dazu passt, wie fest Sie mit dem Stift aufdrücken. Manchmal führt auch der Wechsel zu einer anderen Strichstärke zu besseren Ergebnissen.

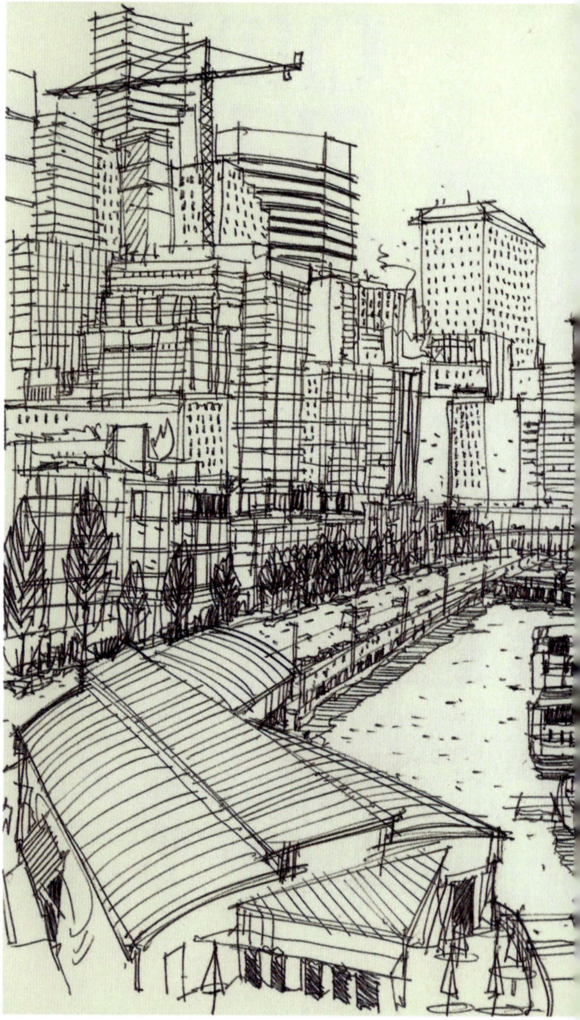

➲ **ANDIKA MURANDI, USA**

Pier 66, Seattle

20,3 x 25,4 cm; Füller und Tinte in Skizzenbuch Moleskine; ca. 45 Minuten

Andika zieht schöne, saubere, starke Linien. Man spürt die Energie, die in jeden einzelnen Strich eingeflossen ist.

14. Ziehen Sie saubere Linien.

Bemühen Sie sich um einfache, klare Linien, auch wenn sie an der falschen Stelle sitzen. Zehn Linien zu ziehen, um eine korrekt zu platzieren, lenkt die Aufmerksamkeit nur auf Ihr mühevolles Ringen. Ihre Linie muss nicht perfekt sein. Vermeiden Sie abgerissene, zögerliche oder »haarige« Linien. Zeichnen Sie weniger mit Hand und Fingern als mit Arm und Schulter, denn das entkrampft Ihre Linien und erlaubt Ihnen, schneller zu zeichnen.

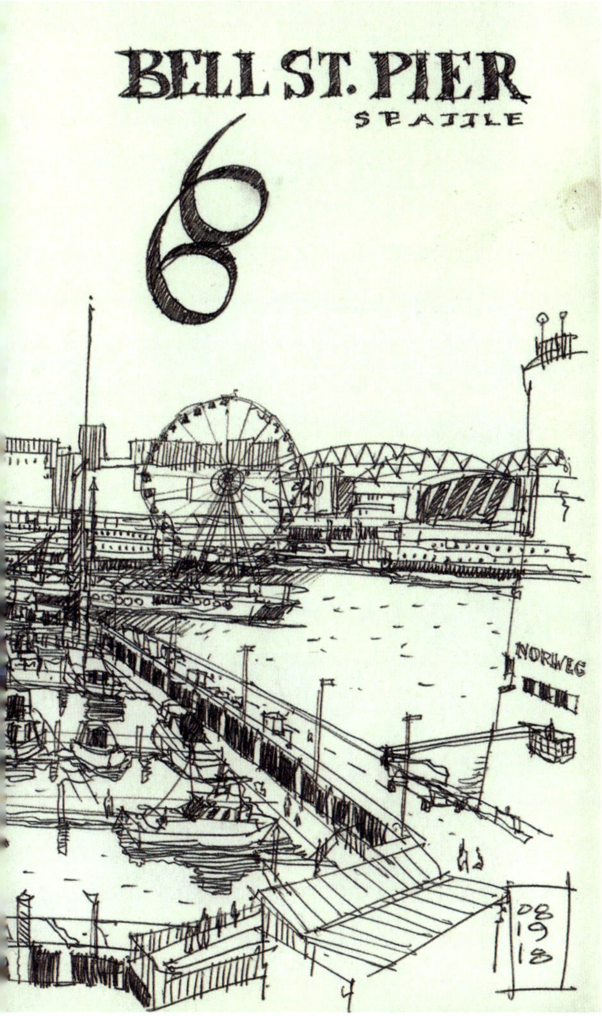

15. Ziehen Sie lange, gerade Linien abschnittsweise.

Wie oft hört man, »Ich bin kein Künstler, ich kann nicht mal eine gerade Linie ziehen«? Das kann in Wirklichkeit fast niemand!

Ziehen Sie eine Linie in kurzen Abschnitten. Der Trick ist, die Enden nicht zu überlappen, sondern eine winzige Lücke zu lassen. Das Auge verbindet die Abschnitte automatisch zu einer einzigen langen Linie. Das wirkt auch der Tendenz entgegen, lange Linien analog zur natürlichen Armbewegung im Bogen zu ziehen. Soll die Linie dicht an den Rand des Bildes, stabilisieren Sie Ihre Hand, indem Sie mit dem kleinen Finger am Blattrand entlangfahren.

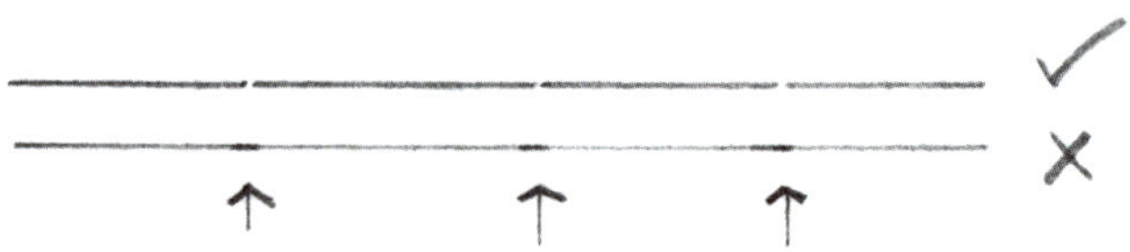

> Vermeiden Sie verwischte Bleistiftlinien:
> Rechtshänder arbeiten von der linken Blattseite zur rechten.
> Linkshänder arbeiten von rechts nach links.

16. Ein X markiert den Punkt.

Damit Ecken nicht rund erscheinen, sollten zwei einander kreuzende Linien sich knapp überschneiden.

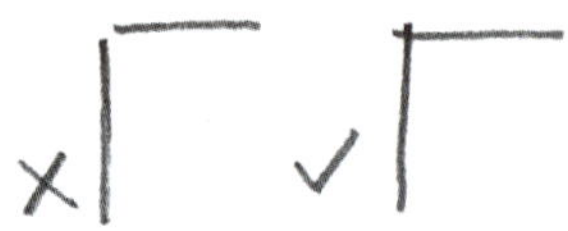

17. Die Breite Ihrer Linie ist bedeutsam.

Ähnlich wie beim Sprechen oder Schreiben brauchen Sie beim Zeichnen ein großes Vokabular an Strichbreiten, um die Geschichte festzuhalten, die Sie erzählen möchten. Sind alle Linien gleich breit, wirkt eine Zeichnung leicht flach und cartoonhaft.

Die Breite Ihrer Linie – oder Strichstärke – ist von Bedeutung. Zartere/dünnere Linien ziehen sich tendenziell in den Hintergrund Ihrer Zeichnung zurück, während kräftige/breitere Linien gern im Raum nach vorn treten und näher erscheinen.

Bei einem Stift oder Marker mit nur einer Strichstärke müssen Sie die Qualität der Linie dadurch variieren, dass Sie mal stärker und mal weniger fest aufdrücken. Sie können es auch mit einer abgewinkelten Feder, einem Parallel Pen oder einem Kalligrafiefüller versuchen.

Mit Bleistiften lassen sich Linien besser variieren als mit den meisten anderen Zeichenwerkzeugen, weil man durch mehr oder weniger Druck leichte, dünne oder schwere, dunkle Linien ziehen kann.

Vokabular der Strichstärken

ZARTE STRICHSTÄRKEN

Helle Linien müssen nicht unbedingt ausradiert werden. Sie verschwinden im Hintergrund und bereichern die Zeichnung, indem sie den Zeichenprozess offenbaren.

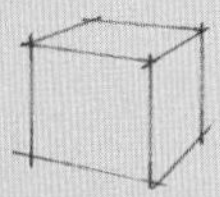

KONSTRUKTIONSLINIEN
Die ersten Linien, mit denen Sie Ihre Zeichnung umreißen. Mit zarten Linien lassen sich auch komplexe Formen erkunden. Ziehen Sie dafür den Bleistift oder Stift behutsam über das Papier.

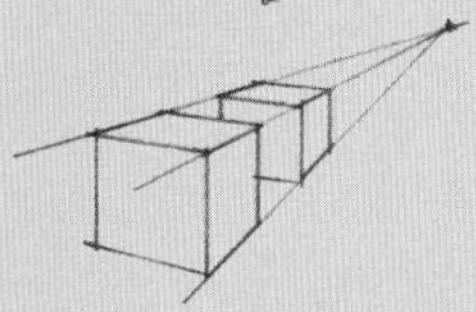

HILFSLINIEN
Zarte Linien, mit deren Hilfe Sie Elemente platzieren oder ausrichten, etwa die Oberkanten oder Unterkanten einer Reihe von Fenstern.

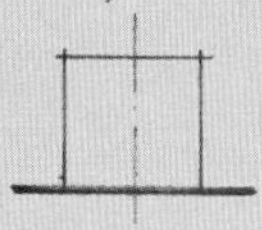

MITTELLINIEN
Sie helfen, z. B. in die Mitte eines Bogens gezeichnet, sicherzustellen, dass beide Seiten symmetrisch sind.

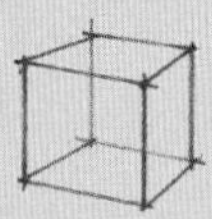

DRAHTGITTERLINIEN
Skelettartige Röntgenlinien, als wäre die Form transparent. Nützlich für das Verständnis, wo im Raum sich Objekte befinden oder um die Rückseite einer Form abzubilden.

MITTLERE STRICHSTÄRKEN

Linien mittlerer Stärke werden am meisten verwenden. Ziehen Sie auch folgende in Linien in Betracht:

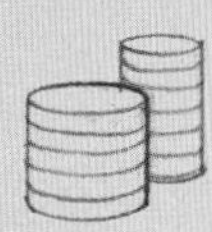

KONTURLINIEN
Linien, die der Richtung eines Profils, einer Steigung oder Kurve folgen und die Form beschreiben.

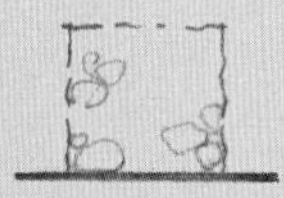

PROFILLINIEN
Mittlere bis breite Linien, die eine Kante definieren. Diese können auch Materialien andeuten, etwa Backstein oder Stein.

GROSSE STRICHSTÄRKE

Im Allgemeinen erscheinen breitere Linien uns im Raum näher. Beachten Sie auch das Folgende:

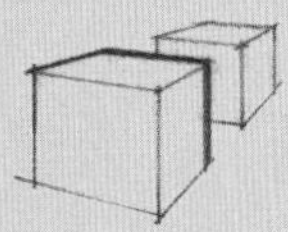

BEGRENZUNGSLINIEN
Eine breite Profillinie, um ein Objekt, hinter dem leerer Raum ist, nach vorn zu bringen.

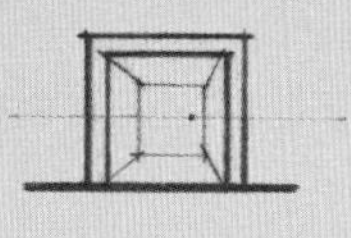

SCHNITTLINIEN
Diese deuten eine angeschnittene Form an; der mit kräftigen Linien gezeichnete Teil tritt nach vorn.

Urban Sketcher Paul Heaston, Denver, ist ein wahrer Meister der Linienzeichnung. Er verwendet in seinen Zeichnungen viele verschiedene Arten von Linien und Strichstärken, sowohl auf Papier als auch auf dem iPad. Als Referenz für den Ort und die Größe des Raums zeichnet er im Vordergrund immer seine Hände und das Papier. Erstaunlich.

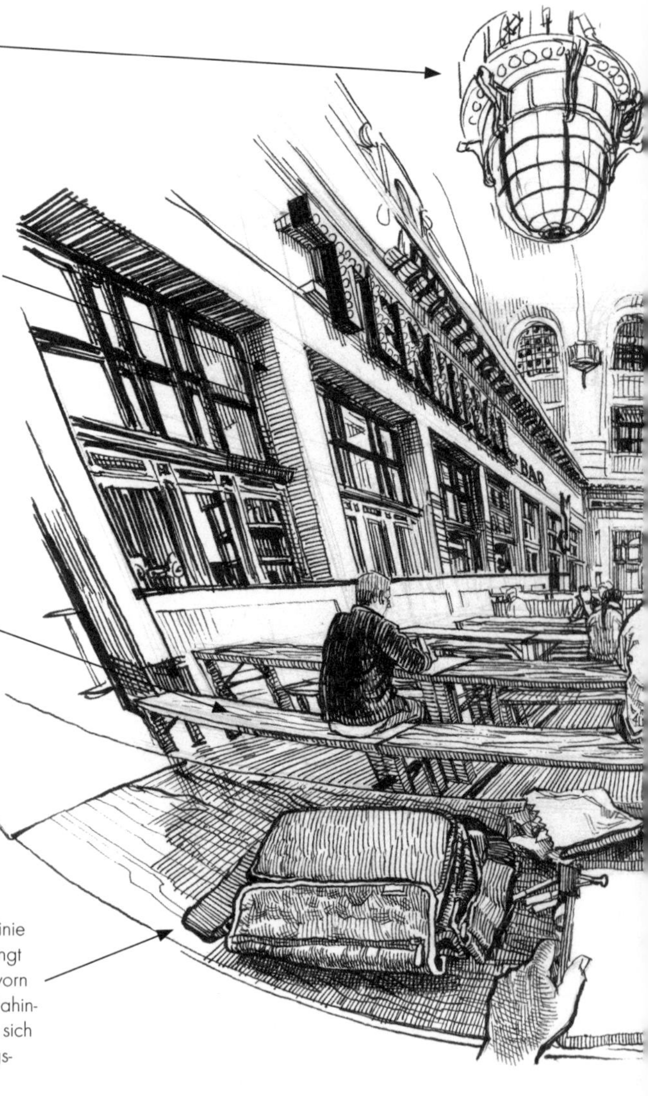

Die dekorativen Gebäudeelemente sind vereinfacht dargestellt, Details nur angedeutet, ohne jeden kleinsten Teil abzubilden.

Viele dicht nebeneinander gesetzte Linien nennt man »Schraffur«, sie schaffen dunkle Tonwerte, die Formen definieren und für Tiefe sorgen.

Unterschiedliche Striche verweisen auf Materialien, etwa das Holz.

Man spürt die Energie der Linien, weil sie zügig gezeichnet wurden!

Eine dicke Begrenzungslinie um die Tasche herum bringt die Form im Raum nach vorn und trennt sie von dem Dahinterliegenden. Wo finden sich noch solche Begrenzungslinien?

Das Fehlen von Linien deutet darauf hin, dass hier Licht auf eine Oberfläche trifft.

In der Ferne erscheinen die Linien heller/dünner.

Konturlinien, die der Deckenwölbung folgen, verraten uns etwas über die Form.

Die Linien an den Rändern der Zeichnung sind meisterhaft komponiert, sie laufen sukzessive aus, um anzudeuten, dass sich die Formen fortsetzen.

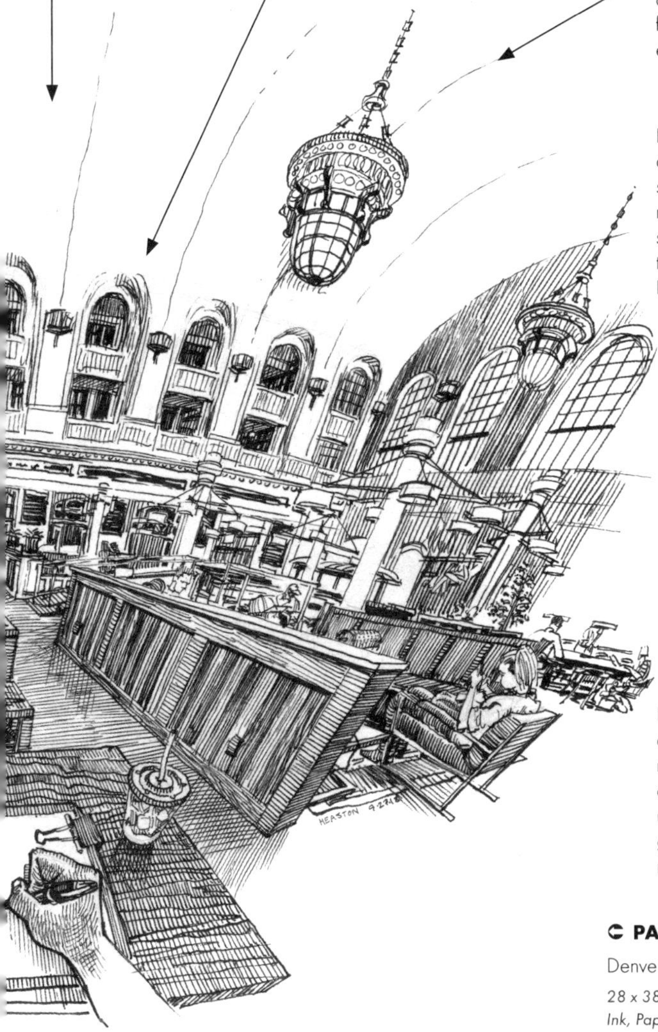

Die meisten Formen werden durch Linien von mittlerer Strichstärke definiert, etwas zartere und dünnere Linien sorgen für Textur und Materialität (z. B. Holz).

PAUL HEASTON, USA

Denver Union Station

28 x 38 cm; Füller mit Carbon Ink, Papier Stillman & Birn Epsilon; 4 Stunden

18. Ziehen Sie Linien voller Energie!

Die Art, wie Sie eine Linie ziehen, kann einer Zeichnung Leben einhauchen oder sie töten. So laden Sie Ihre Linie mit Energie auf und machen sie interessant:

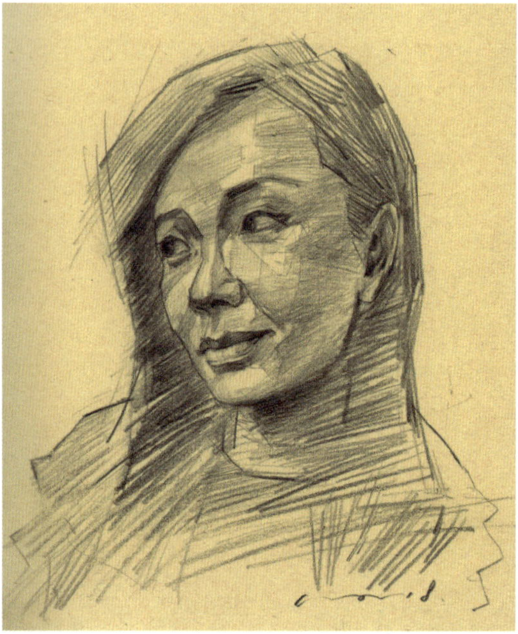

Geschwindigkeit

Zügiges Arbeiten gibt Ihren Linien Frische und Spontaneität. In Wus Linien ist das Tempo deutlich zu spüren. Wenn Sie eher langsam zeichnen, stellen Sie sich zum Üben einen Wecker.

WU JIANZHONG, Hongkong

Meine Frau

16 x 20,5 cm; Bleistifte in Skizzenbuch; ca. 40 Minuten

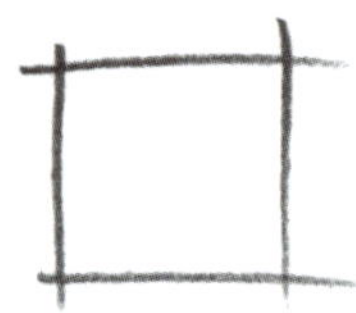

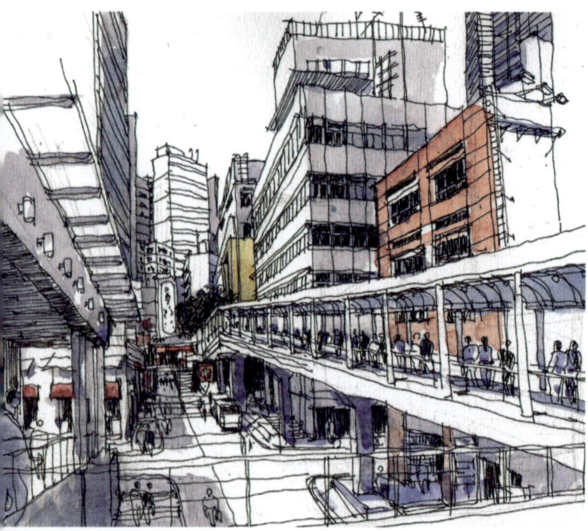

Schlängeln

Eine Schlängelbewegung mit der Hand beim Zeichnen macht die Linien interessanter.

STEPHANIE BOWER, USA

Fahrtreppe auf mittlerer Höhe, Hongkong

17,8 x 25,4 cm; Platinum Carbon Pen und Ink in Skizzenbuch Aqua Journal Pentalic; 1 Stunde

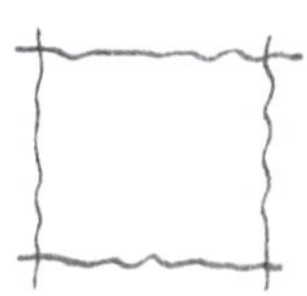

Abwechslung

Drücken Sie mal fest, mal sanft auf, mal lösen Sie den Stift vom Papier. Zeichnen sie mit einem Kalligrafiefüller oder mit einem Zweig und Tusche wie KK.

➲ CH'NG KIAH KIEAN, Malaysia

Pura Dalem Kahyangan, Bali

38 x 28 cm; Chinatusche auf Papier; 1 Stunde

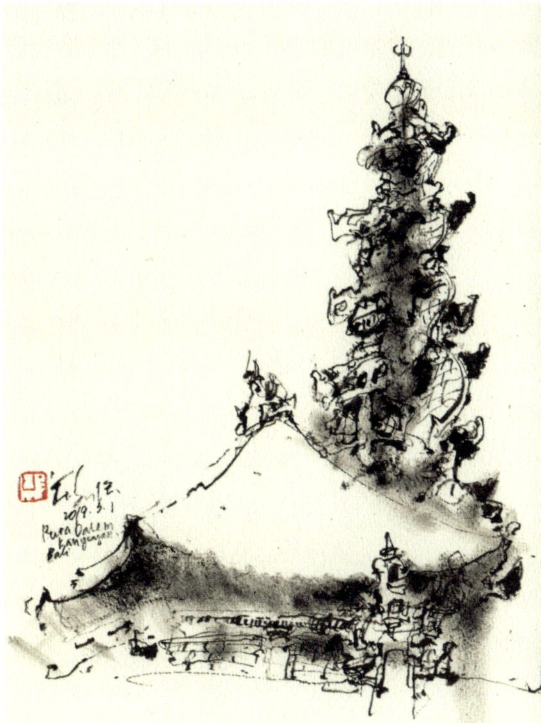

Wackelig

Freuen Sie sich über wacklige Linien! Verzerren Sie sie, das verleiht Ihrer Zeichnung Energie.

➲ ROB SKETCHERMAN, Hongkong

Türme von Taichung

6000 x 3000 Pixel; iPad Pro, Apple Pencil, Procreate (App); 2 Stunden

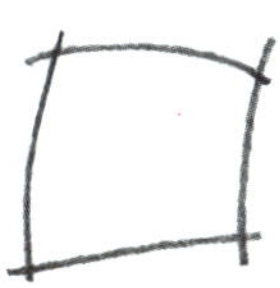

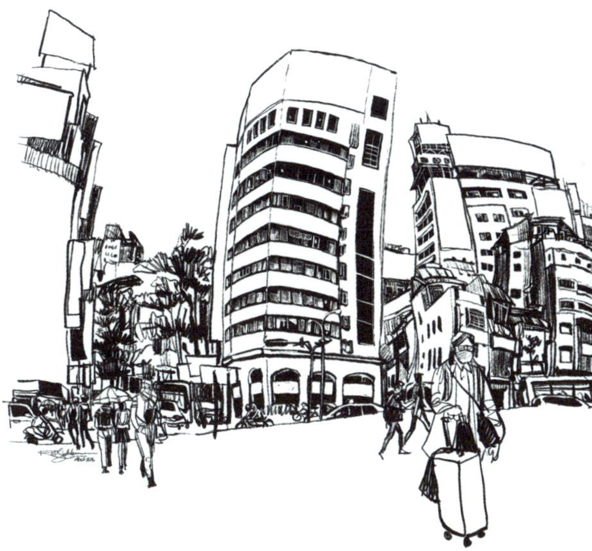

19. Denken Sie an Röntgenstrahlen, zeichnen Sie Drahtgitter.

Um die Anordnung im Raum zu verstehen, zeichnen Sie zarte Konstruktionslinien, als wären die Formen transparent – wie Sie es vor Ihrem inneren Auge sehen.

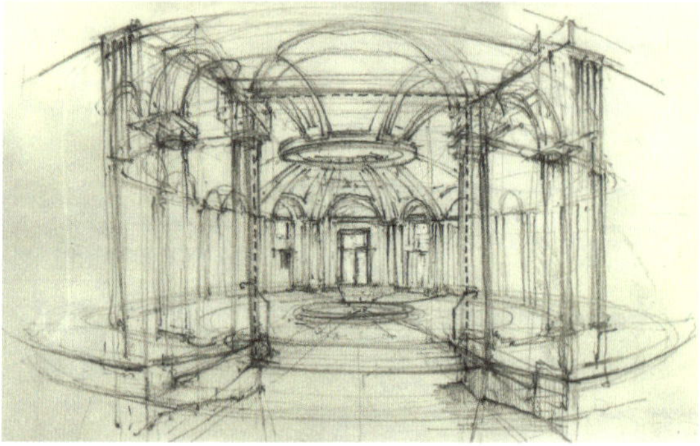

➲ **Jerome Tryon**

Woolsey Hall

20,3 x 25,4 cm; Drehbleistift mit Mine 2B; 10 bis 20 Minuten

20. Variieren Sie die Qualität der Linien, wenn Sie Formen und Materialien aus der Natur zeichnen.

Wir neigen zu der Lesart, dass die Ränder von menschengemachten Formen gerade und die von natürlichen Formen unregelmäßig und durchbrochen sind. Wackeln Sie beim Zeichnen von belaubten Bäumen mit dem Stift und lösen ihn vom Papier, um die Linie zu unterbrechen, drücken Sie mal fest und mal zart auf.

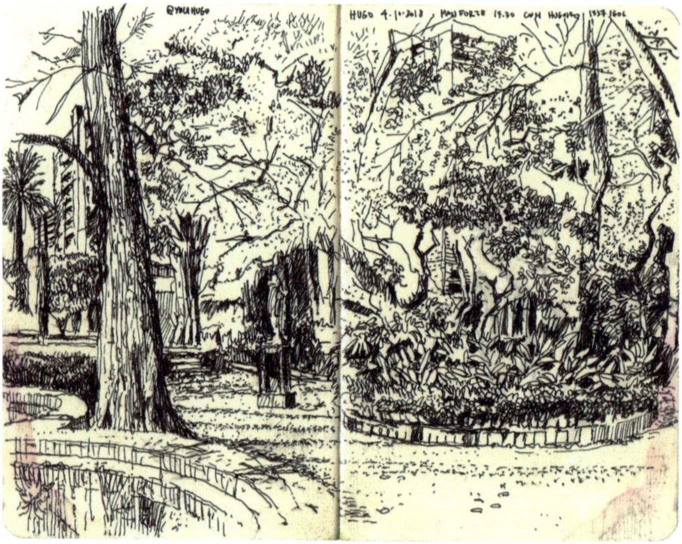

21. Bei Baumaterialien ist weniger mehr.

Sie müssen nicht jeden Backstein zeichnen! Wenn Sie mittels Texturen Materialien wie Stein oder Dachziegel darstellen wollen, beschränken Sie Linien, Tonwerte und Farben auf einzelne Bereiche wie Türen, Fenster und Kanten. Lassen Sie die Linien ganz organisch an den Rändern der Zeichnung auslaufen. Das spart Zeit und macht das Ganze leicht und frisch.

➲ ZHIFANG SHI, China

Verfallenes Haus

30 x 40 cm; Tusche auf Papier; 1 Stunde

Es braucht nicht viel, um ein Ziegeldach abzubilden! Wenn Sie nicht jeden Ziegel zeichnen, sieht man, wo die Sonne aufs Dach fällt.

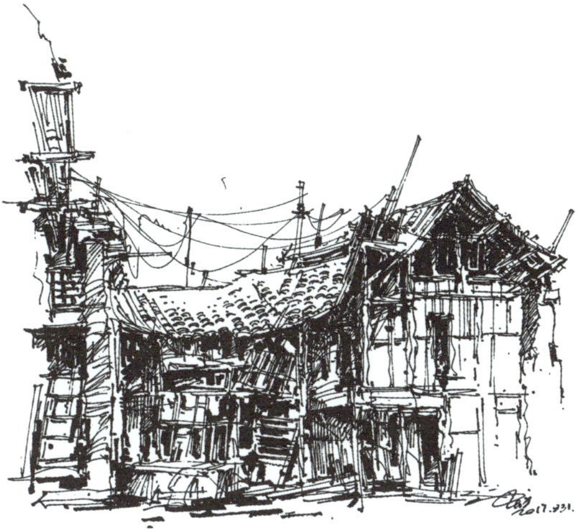

➲ ANDREY SHMATNIK, Kanada

Tür in Jaffa

20,3 x 12,7 cm; Füller Pilot (extra fine) und Aquarellfarben in Aquarellbuch Pentalic Aqua Journal; ca. 30 Minuten

Die Kanten der Steine sind zart gezeichnet und laufen an den Rändern aus. Die Farben sind frei und vielgestaltig gesetzt, die dunkle Türöffnung und der schwarze Schatten sorgen für Tiefe.

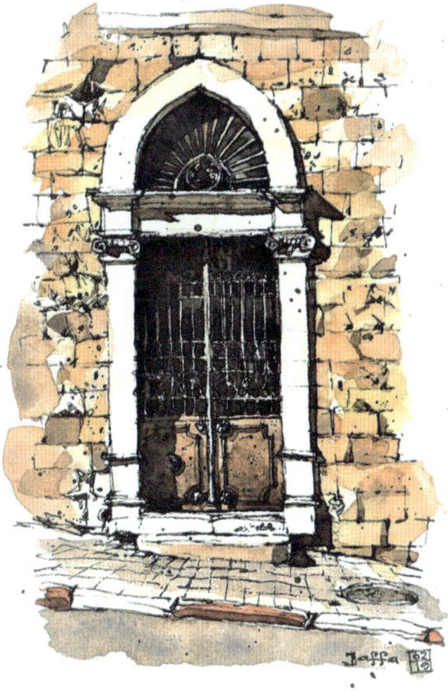

➲ HUGO BARROS COSTA, Portugal und Spanien

Gartenanlage Jardines de Monforte, Valencia

18 x 14 cm; Füller Pilot G-TEC C4 auf Papier

22. Materialien haben Volumen und Tiefe.

Materialien sind dreidimensional. Stellen Sie Elemente wie Fensterpfosten, Stuhlbeine, Geländer, Dachkanten etc. immer mit mindestens zwei Linien dar, um ihre Dicke zu veranschaulichen. Um Fenster oder Türen herum kann es gar nicht genug Linien geben!

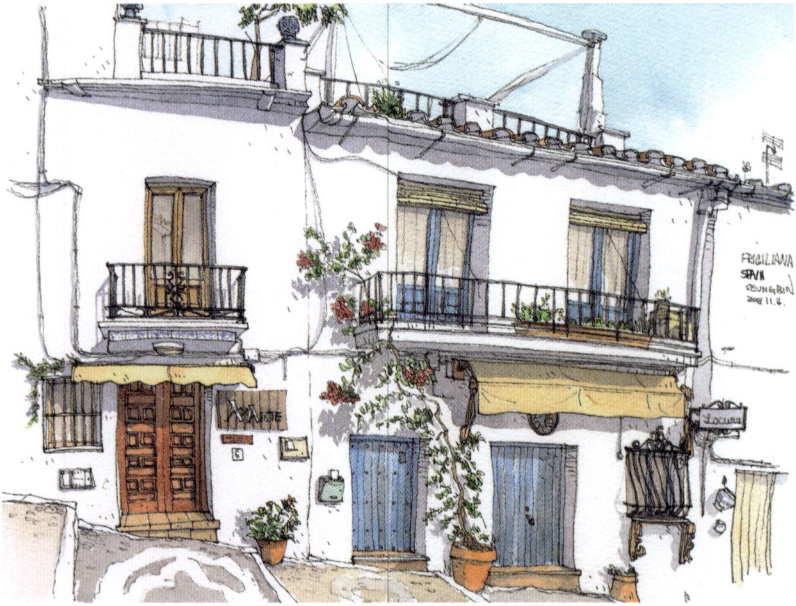

JEONG SEUNG-BIN, Südkorea

Frigiliana, Spanien

22,7 x 31,6 cm; Fineliner Uni Pin und Aquarellfarben Horadam Schmincke auf Aquarellblock Waterford White Holbein; 50 Minuten

Hier haben alle Materialien – z. B. das Balkongeländer, die Kante des Ziegeldachs – eine realistische Dicke, weil sie mit mindestens zwei Linien gezeichnet wurden.

Sie sollten Fenstern und Türen in die Wand eingelassen zeichnen, also nach hinten versetzt, um Tiefe abzubilden.

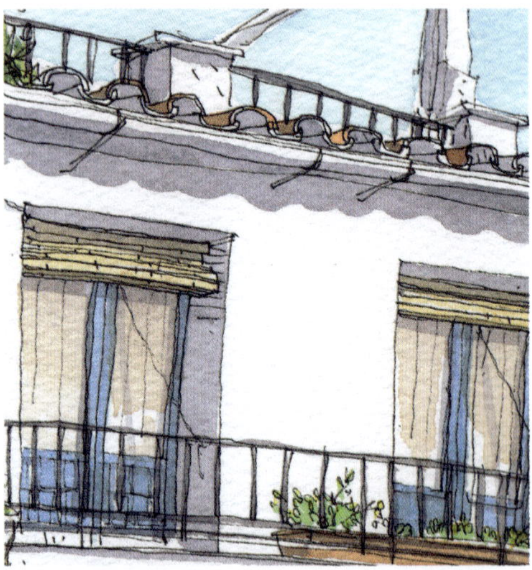

23. Schwärzen Sie kleine Fensterscheiben, das gibt einen tollen Effekt.

Es wirkt Wunder! Aber schwärzen Sie die ganze Scheibe und lassen Sie die Rahmen weiß.

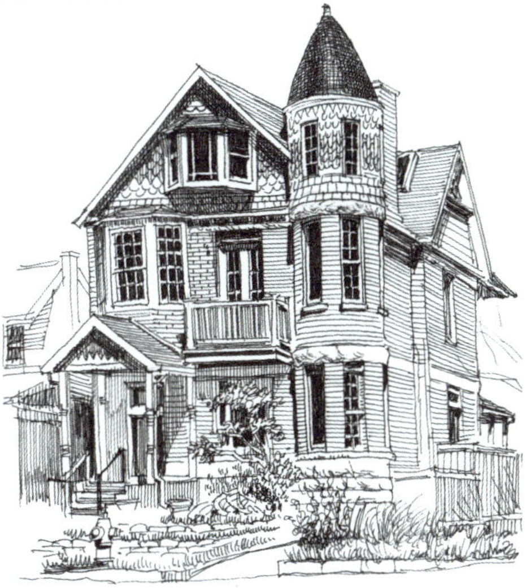

PAUL HEASTON, USA

Haus in der Gilpin Street

15,2 x 10,1 cm; Gel-Tintenroller Pentel Hybrid Technica, Zeichenpapier Hahnemühle; 1,5 Stunden

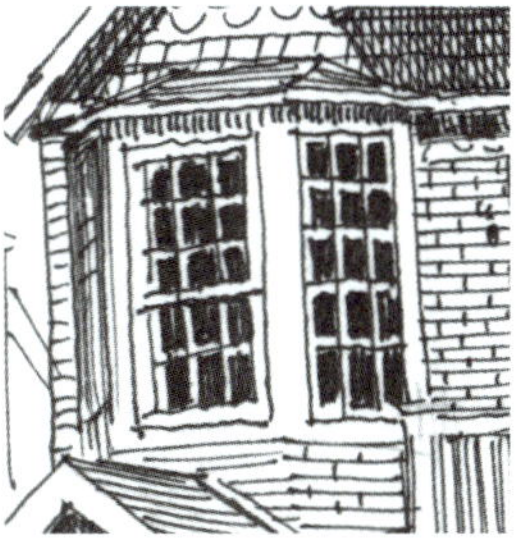

24. Benutzen Sie, um zügiger voranzukommen, ein Lineal.

Lange, gerade Linien zu ziehen ist ziemlich schwierig, also versuchen Sie es, wenn es schneller gehen soll, mit einem Lineal. Aber wenn Sie das zu langsam werden lässt, weil Sie sich um allzu große Akkuratesse bemühen, packen Sie es wieder weg.

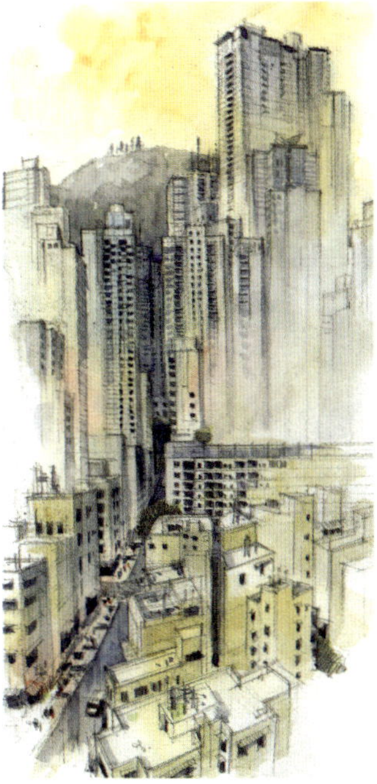

STEPHANIE BOWER, USA

Lan Kwai Fong, Hongkong

40,6 x 20,3 cm; Drehbleistift und Aquarellfarben auf Papier; ca. 1 Stunde

Hongkong mit seinen dicht gedrängten, hohen, schmalen Gebäuden ist ein wunderbarer Ort, um mit einem Lineal zügig lange Linien zu ziehen. Es hat die Arbeit an dieser gut 40 Zentimeter hohen Zeichnung sehr beschleunigt!

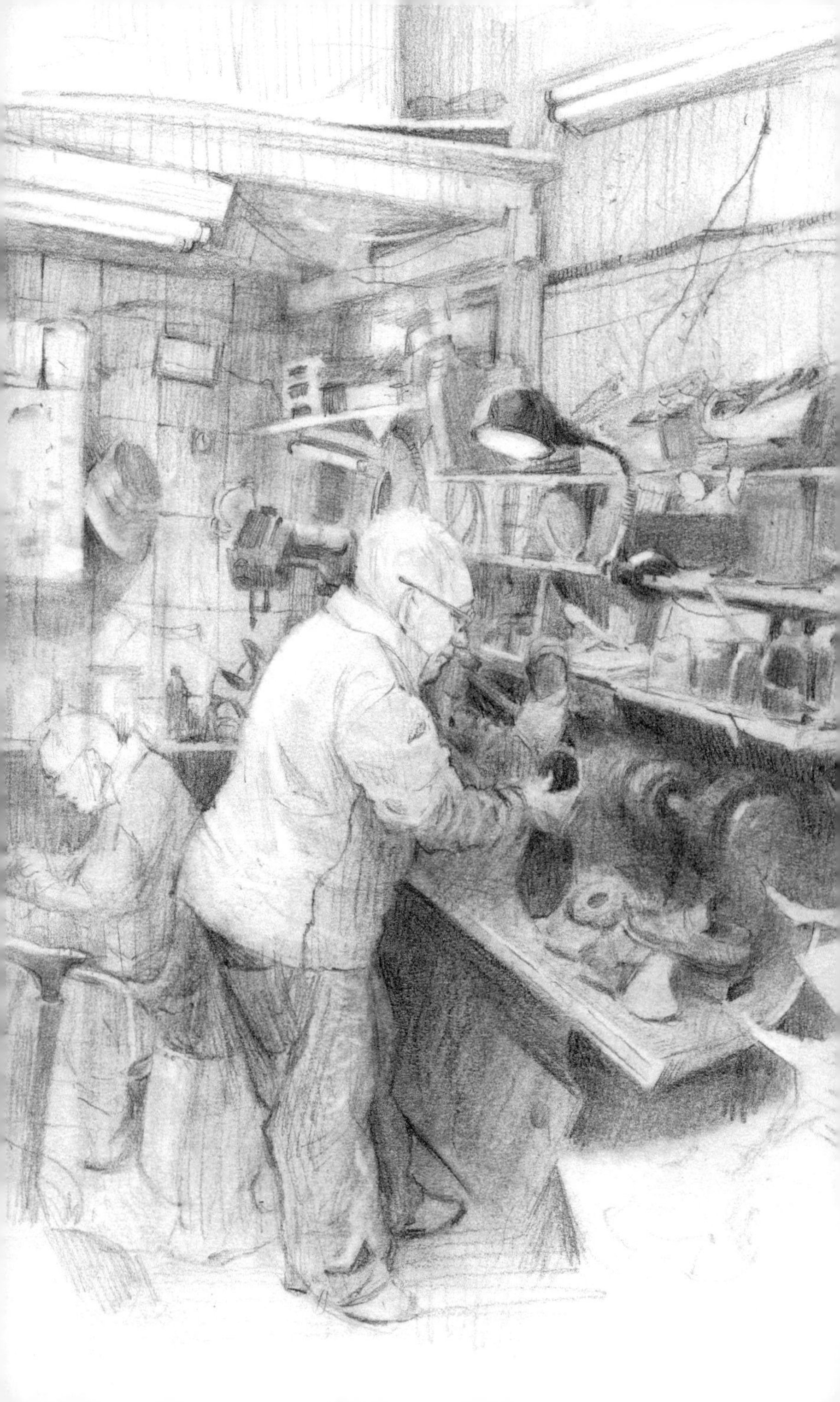

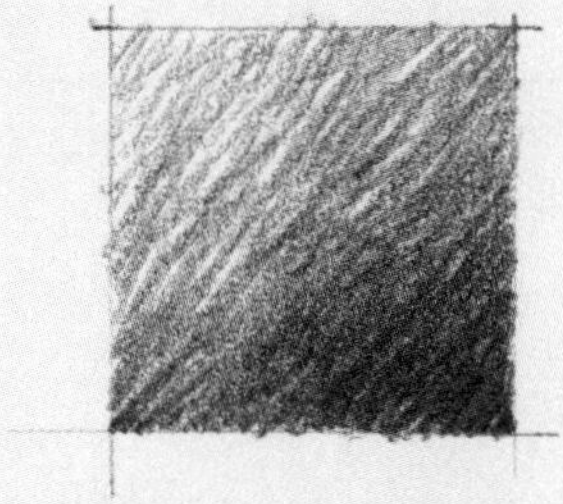

SCHLÜSSEL III **TONWERTE**

Das Weiß kommt vom Weiß des Blatts, das Schwarz wird vom Schwarz Ihres Zeichenstifts erzeugt.

Wie bekommen Sie zwischen diesen Extremen alle Grauschattierungen hin?

EDUARDO BAJZEK, Brasilien

Mr. Mavi, der Schuhmacher

42 x 27 cm; Bleistifte 3B bis 6B und Papierwischer; ca. 4,5 Stunden

Eduardos zarte Bleistiftzeichnung wirkt wie Samt. Mit einem Aufbau aus zarten Linien schafft er ein Gefühl von raffinierter Tiefe und Charakter.

25. Bauen Sie viele Linien übereinander auf, um Tonwerte zu erzeugen.

Bereiche, in denen viele Linien dicht nebeneinander gesetzt wurden, fasst das Auge als Tonwerte oder Grauschattierungen auf, Werte zwischen Weiß und reinem Schwarz. Man nennt diese Technik Schraffieren. Schraffuren sind die Muskeln am Skelett Ihrer Linienzeichnungen.

Mit Schraffuren werden Formen dreidimensional, denn sie sorgen für Helligkeiten und Dunkelheiten, sie geben einer Zeichnung Tiefe. Auch für die Verwendung von Farben ist ein Verständnis, wie Tonwerte funktionieren, essenziell.

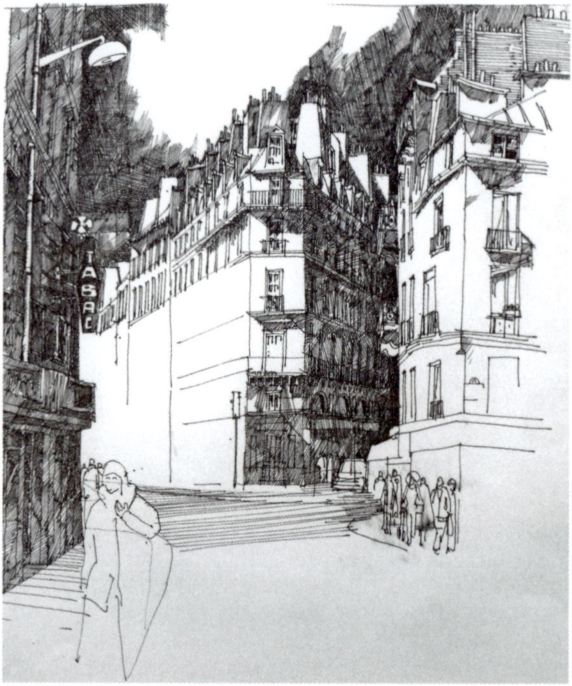

➲ **KLAUS MEIER-PAUKEN, Deutschland**

Häuser im Quartier latin, Paris

40 x 30 cm; Füller und Tinte auf weißem Papier; 2 Stunden

Wussten Sie, dass man einer Schraffur ansieht, ob sie von einem Rechts- oder Linkshänder stammt?

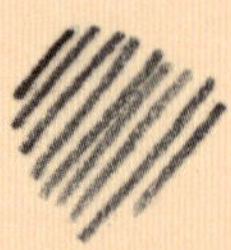

Rechtshänder ziehen Striche meist von oben rechts nach unten links;

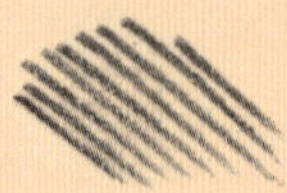

linkshändige Zeichner – wie Leonardo da Vinci – ziehen Striche gewöhnlich von oben links nach unten rechts.

Schraffuren-Vokabular

Mit einem einzigen Zeichenwerkzeug lassen sich erstaunlich vielfältige Schraffuren erzeugen. Sie müssen bloß mehr Linien hinzufügen, um dunklere Tonwerte zu erhalten. Das kann knifflig sein, denn bei manchen Schraffuren lassen sich leichter Übergänge erzeugen als bei anderen.

Sie werden das oft brauchen, also finden Sie einen Strich, der bequem für Ihre Hand ist, den Sie rasch ziehen und viele Male wiederholen können. Hier ein paar zum Ausprobieren:

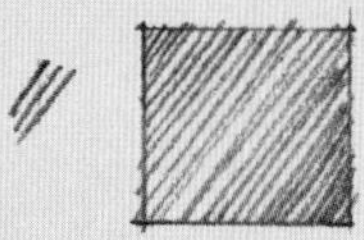

PARALLELE SCHRAFFUREN
Die gängigste Schraffur. Die Striche haben eine einheitliche Richtung und Schrägneigung, ca. 45 bis 60 Grad. Diese Schraffur lässt sich kaum weiter abdunkeln, und es ist knifflig, dem Muster weitere Linien hinzuzufügen.

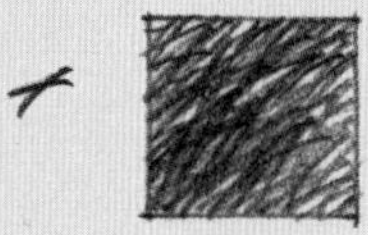

SCHRAFFUR MIT FLACHEN KREUZEN
Hier sind die Übergänge sehr einfach und für dunklere Tonwerte lassen sich leicht mehr Striche hinzufügen.

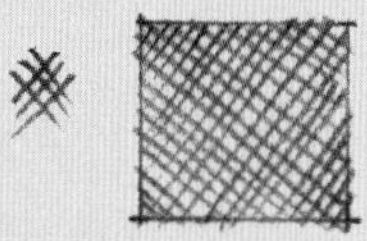

KREUZSCHRAFFUR
Striche, die sich wie beim X überkreuzen. Man muss sie so dicht setzen, dass sie als Tonwerte wahrgenommen werden und nicht als Streifen oder Schachbrettmuster. Schichten Sie für dunklere Tonwerte mehr Striche übereinander.

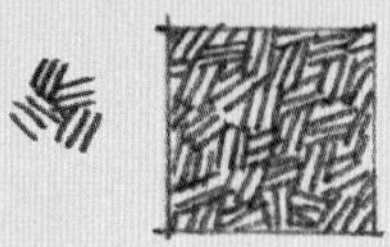

KORBGEFLECHT-SCHRAFFUR
Dafür braucht man länger, aber sie ergibt eine formschöne, erdige Textur. Einmal gesetzt, lassen sich nur schwer für dunklere Tonwerte mehr Striche hinzufügen.

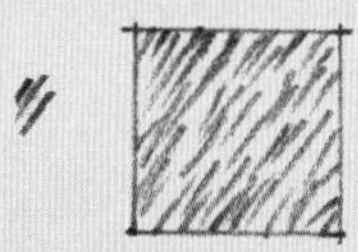

SCHRAFFUR MIT KURZEN, ENERGISCHEN STRICHEN
Diese Schraffur kann einer Zeichnung sehr viel Energie geben. Es ist leicht, für dunklere Tonwerte mehr Striche hinzuzufügen, aber es erfordert Geduld.

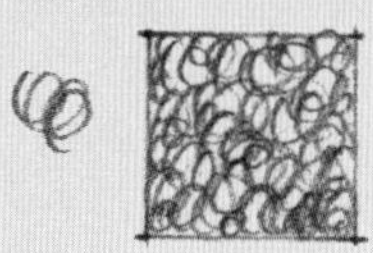

GEKRITZEL
Sieht lebhaft aus und lädt eine Zeichnung mit Energie auf. Für dunklere Tonwerte lassen sich leicht mehr Striche hinzufügen.

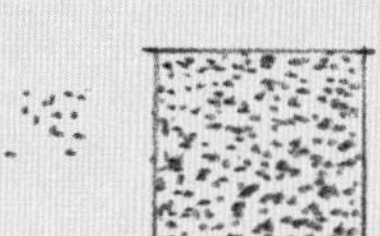

PUNKTE ODER TÜPFEL
Diese Spuren sind sehr zeitaufwendig, aber es lassen sich für dunklere Tonwerte leicht weitere Punkte hinzufügen. Das Tock-Tock-Tock, mit dem sie entstehen, könnte andere allerdings in den Wahnsinn treiben!

26. Legen Sie eine Tonwertskala als Referenz an.

Wie viele Abstufungen zwischen dem Weiß des Papiers und reinem Schwarz können Sie erzeugen? Zeichnen Sie 5 bis 10 Quadrate (max. 2,5 cm) mit einem allmählichen Übergang der Tonwerte von einem Quadrat zum nächsten. Experimentieren Sie mit verschiedenen Schraffuren.

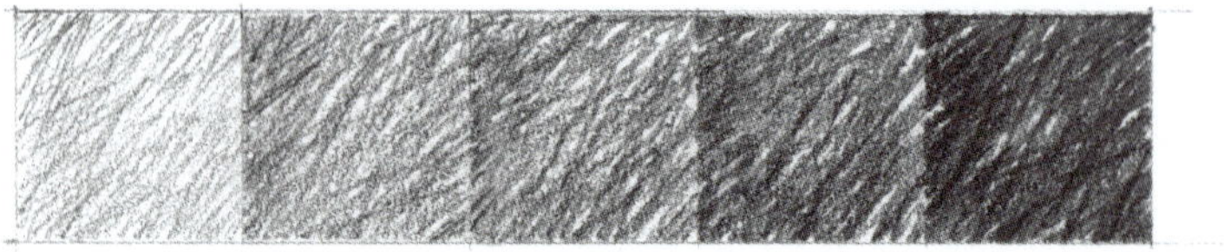

27. Lassen Sie hier und da ein wenig Weiß stehen.

Eine vollständige Schwärzung erscheint leicht flach und leblos; lassen Sie zwischen den Schraffuren ein wenig Weiß, selbst bei den dunkelsten Tonwerten. Mit Bleistift auf Papier mit texturierter Oberfläche geht das besonders gut. Da, wo die Bleistiftmine nicht in die Vertiefungen gelangt, bleiben weiße Flecken, die das Ganze zum Strahlen bringen.

28. Zeichnen Sie Schraffuren dicht beieinander.

Stehen Striche zu weit auseinander, werden sie als Muster oder Streifen aufgefasst und nicht als Tonwerte. Die Striche müssen so dicht stehen, dass das Auge Tonwerte wahrnimmt und nicht einzelne Linien.

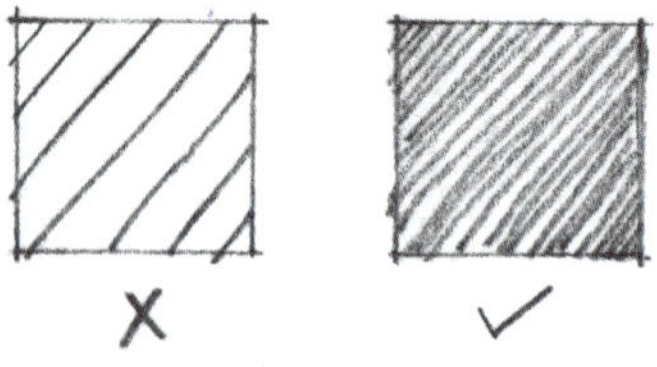

29. Geschmiert wird nicht!

Widerstehen Sie der Versuchung, den Bleistift schräg zu halten und zu schmieren. Diese Spuren verschwimmen leicht und machen die Zeichnung tot, denn sie legen sich über das hier und da aufscheinende Weiß des Papiers. Setzen Sie lieber eine Schraffur auf texturiertes Papier.

> Wenn Sie nicht anspitzen wollen, nehmen Sie einen Drehbleistift. Ich verwende eine 0,5 mm-Mine 2B, denn die ergibt eine saubere, dunkle Linie. Wenn sich Bleistiftlinien schnell mal verschmieren, versuchen Sie es mit einer härteren Mine, z. B. HB. Preiswerte Bleistifte sind ein schönes Reiseandenken. Sie wecken zu Hause Erinnerungen!

30. Schraffieren Sie hauptsächlich in eine Richtung und machen Sie saubere Übergänge.

Zu viele Schraffuren in verschiedene Richtungen machen Ihre Zeichnung leicht zu wuselig und lenken ab. Setzen Sie Ihre Schraffuren möglichst gleichmäßig und achten Sie auf schöne, fließende Übergänge.

➲ STEPHANIE BOWER, USA

Studie, Tofuku-ji, Kyoto, Japan

12,7 x 20,3 cm; Drehbleistift, Aquarellfarben; 5 Minuten

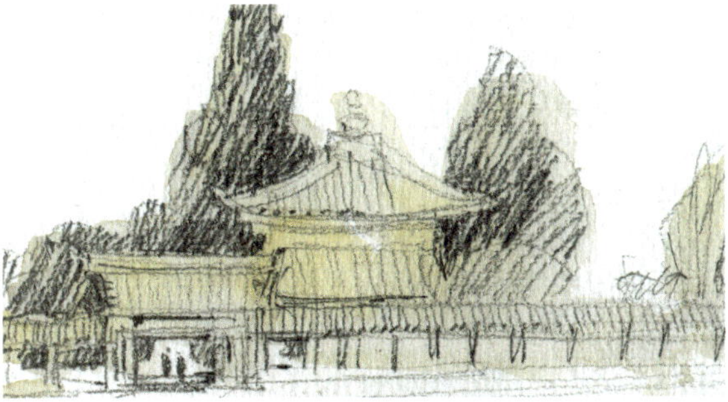

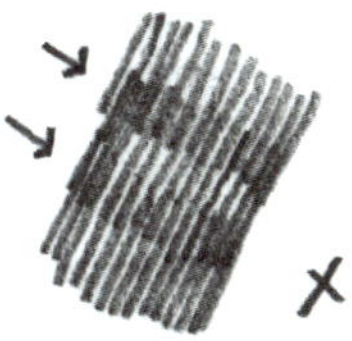

Um Bleistiftlinien nicht zu verschmieren, legen Sie eine dünne, kaum sichtbare Lasur in Hellgrau oder Ockergelb darüber.

31. Schraffieren Sie, um die Ausrichtung einer Oberfläche anzudeuten.

Schraffieren ist eine wunderbare Technik, um Formen wie etwa gebogene Oberflächen (Gläser und Flaschen unten) oder geneigte Flächen (das Dach oben) zu definieren.

➲ STEVEN REDDY, USA

Café Racer, Seattle

30,5 x 22,9 cm; Tintenroller Uni-ball; 2 Stunden

Steven setzt Schraffuren in verschiedene Richtungen, um Formen zu bestimmen, doch das Ganzen hat eine einheitliche Textur. Gläser und Flaschen werden wegen der gekrümmten Schraffurlinien als rund wahrgenommen. Der flache Fußboden hat horizontale Linien, Regale und Schrank vertikale. Es ist visuell wuselig, aber es funktioniert!

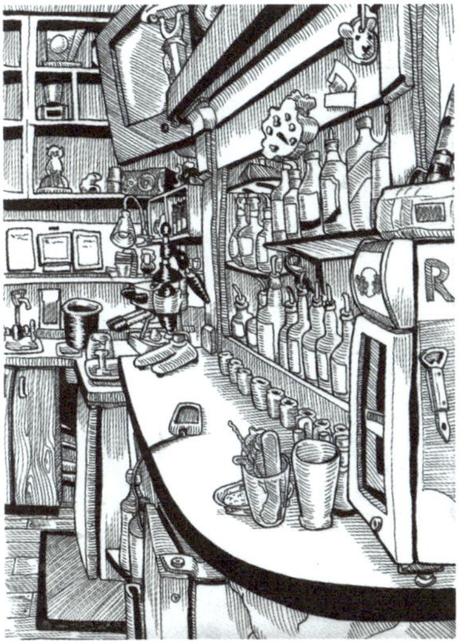

32. Setzen Sie viele Linien übereinander.

Bauen Sie viele Linien auf, um Kontrast und Textur zu erzeugen und den Blick in die Zeichnung zu ziehen. Das macht sie für das Auge interessant.

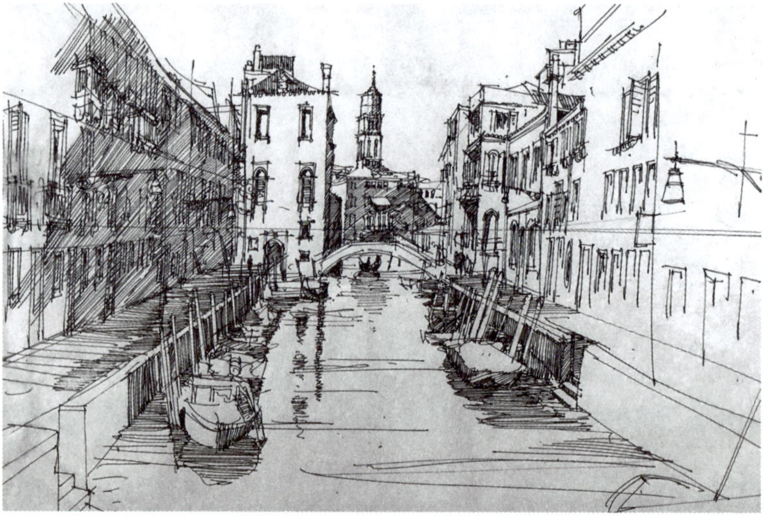

Klaus setzt klassische Schraffuren mit parallelen Linien, um Schattierungen und Schatten darzustellen. Auf den waagerechten Flächen – Wasser und Gehweg – verlaufen die Linien horizontal.

KLAUS MEIER-PAUKEN, Deutschland

Kanal am Campo San Vio, Venedig

40 x 50 cm; Füller und Tinte auf weißem Papier; 1,5 Stunden

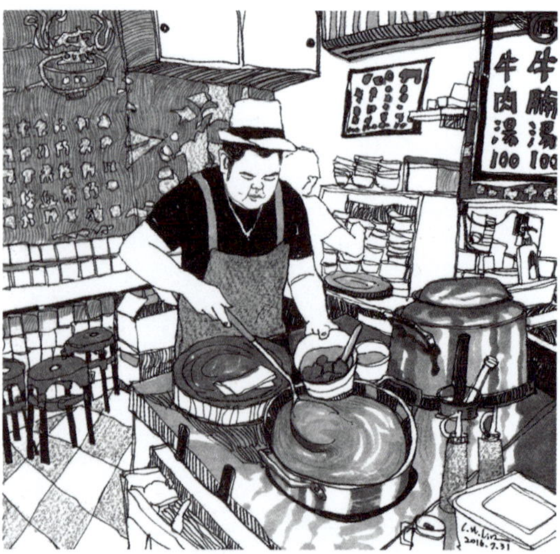

Der Blick wird von dem Bereich mit dem größten Kontrast angezogen, dem schwarzen T-Shirt.

CHIH-WEI LIN, Taiwan

Straßenverkäufer mit Rindfleischsuppe

21 x 21 cm; Fineliner, Bleistift, Marker; 1 Stunde

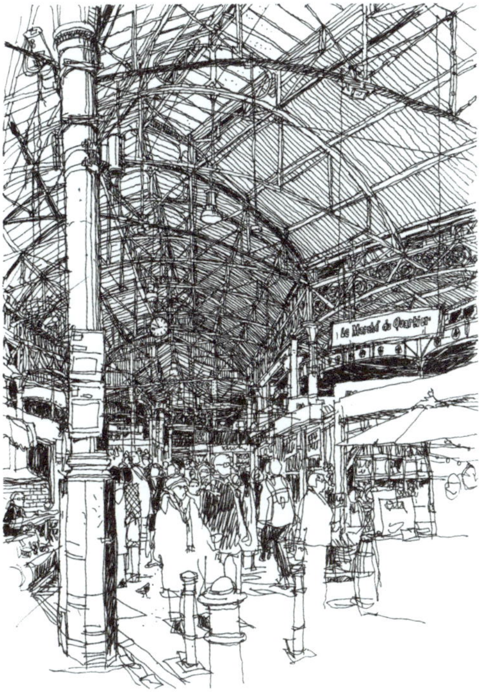

➲ **RICHARD HIND, Großbritannien**

Borough Market (Le Marché du Quartier), London

29,7 x 21 cm; Tintenroller Uni-Ball Eye Micro mit wasserfester Tinte in A4-Skizzenbuch Daler-Rowney mit säurefreiem 150-Gramm-Papier; 2 Stunden

33. Definieren Sie eine Kante durch den dunklen Hintergrund.

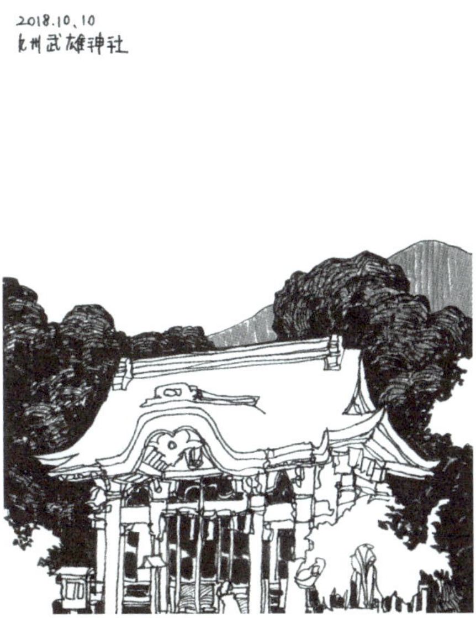

Die dunklen Tonwerte der Bäume definieren die Kanten und Formen des Gebäudes und schieben es im Raum nach vorn.

➲ **CHIH-WEI LIN, Taiwan**

Schrein auf Kyushu, Japan

21 x 15 cm; Bleistift, Fineliner, Marker; 25 Minuten

34. Variieren Sie Tonwerte, um Licht darzustellen.

Rufen Sie sich einen vollkommen weißen Raum vor Augen. Wie sehen Sie die Ecken und Wände? Was definiert die Formen? Keine Fläche hat einen einzigen flachen Tonwert. Fein abgestufte Grauschattierungen erlauben uns, die Formen im Raum zu sehen.

Das gilt auch für Ihre Zeichnung. Mit der Variation von Tonwerten definieren Sie nicht nur Formen, Sie hauchen Ihrer Zeichnung damit auch Licht und Leben ein. Es erfordert Planung, denn Sie müssen schauen, wo das Licht herkommt und wie es die Tonwerte beeinflusst. Der Blick wird automatisch auf den Bereich mit dem größten Kontrast gezogen.

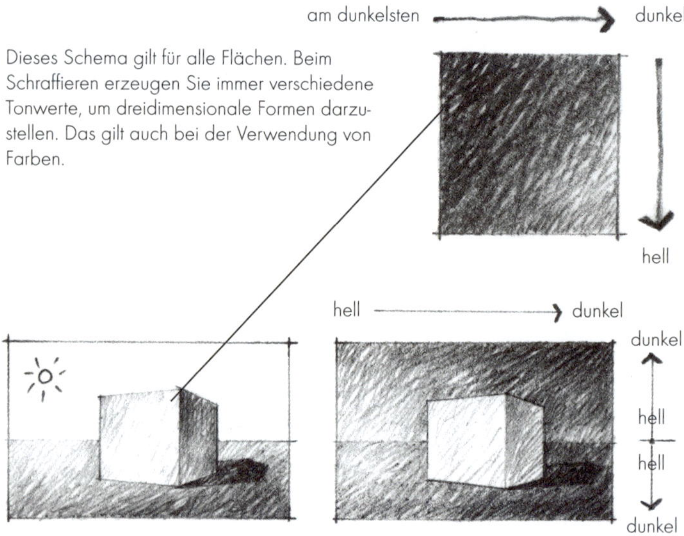

Dieses Schema gilt für alle Flächen. Beim Schraffieren erzeugen Sie immer verschiedene Tonwerte, um dreidimensionale Formen darzustellen. Das gilt auch bei der Verwendung von Farben.

Was beim Schraffieren zu beachten ist:

- Setzen Sie ein dunkles Gebäude von einem hellen Himmel ab und umgekehrt.
- Verstärken Sie da, wo zwei Flächen an einer Kante aufeinandertreffen, den Kontrast.
- Die Tonwerte von Hintergrund/Himmel verändern sich von links nach rechts und von oben nach unten, um die Sonne anzudeuten.
- Die Tonwerte des Bodens verändern sich vom Vordergrund zum Hintergrund, oft erscheinen sie nach vorn hin dunkler und in der Ferne heller.
- Wegen des Lichts, das von den Oberflächen reflektiert wird, ist die im Schatten liegende Rückseite eines Würfels zum Boden hin heller.
- Schatten sind oft an den Außenrändern am dunkelsten.

35. Variieren Sie die Tonwerte, um Tiefe zu zeigen.

Die in einem einzigen Tonwert dargestellte Türöffnung in der Mitte sieht aus wie eine flache, angemalte Fläche. Die Öffnung rechts erweckt hinter dem Türrahmen den Eindruck von offenem Raum, weil der Tonwert von oben dunkel nach unten hin etwas heller wird.

Achten Sie, wenn Sie eine Fläche oder eine Form schraffieren, darauf, die ganze Öffnung von einer Kante zur anderen auszufüllen. Sonst verfremden Sie die Form!

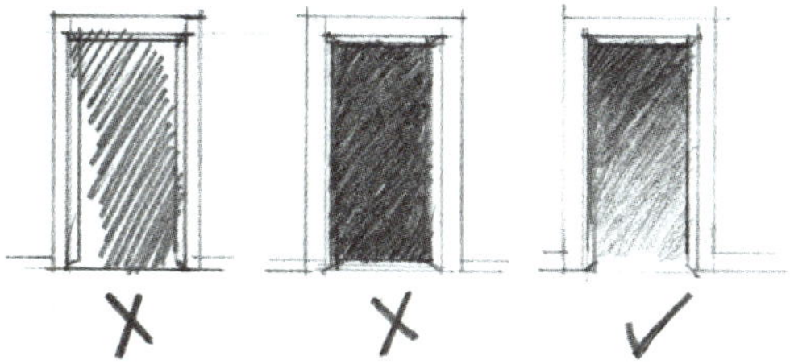

Alles, was Sie über das Schraffieren wissen wollen, können Sie durch das Studium des fantastischen Werks des New Yorker Architekturzeichners Hugh Ferris aus den 30er-Jahren lernen.

36. Was ist der Unterschied zwischen Schattierung und Schatten?

Schattierung und Schatten ist nicht dasselbe. Auf diesem Foto aus Ronda, Spanien fällt die Sonne von links auf das Gebäude, dessen Vorsprung einen dunklen **Schatten** (1) auf den Boden und die Wand wirft. Wir sehen **Schattierung** (2) auf der Rückseite der Form gegenüber der Lichtquelle.

Im Allgemeinen ist Schattierung heller und wärmer, Schatten sind dunkler und kühler. Das müssen Sie beim Schraffieren wissen, und besonders wichtig ist es, wenn Sie mit Farben arbeiten!

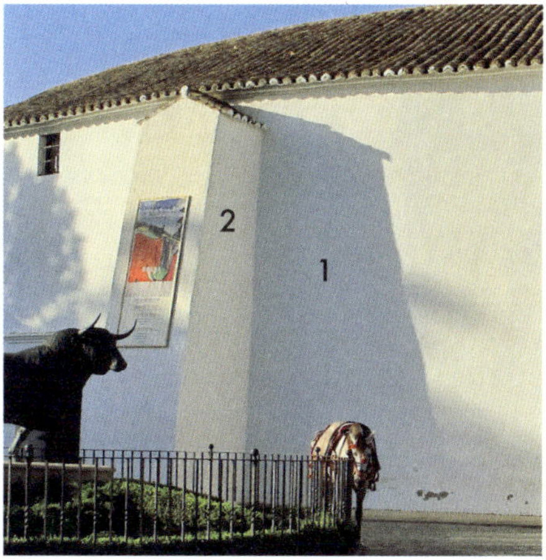

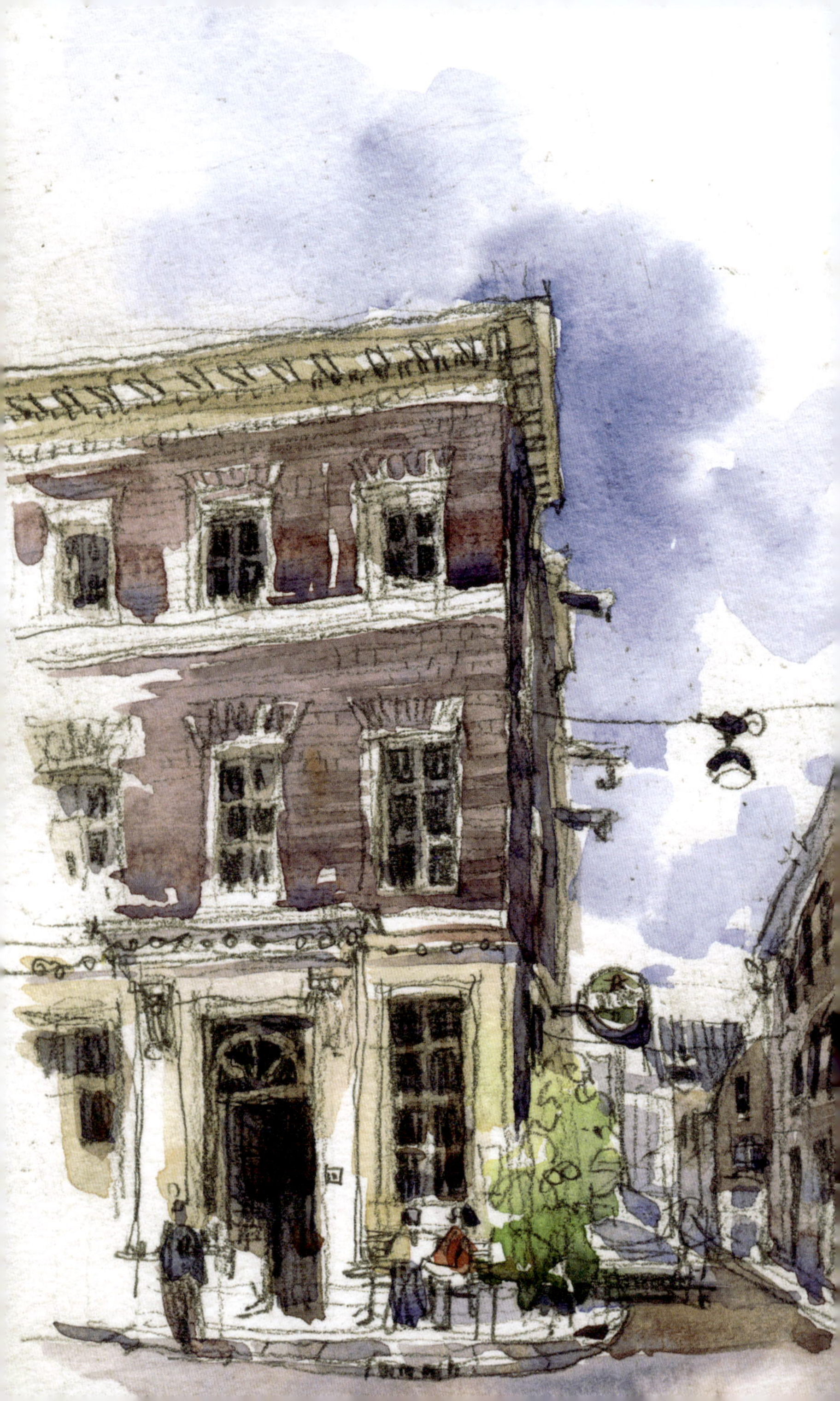

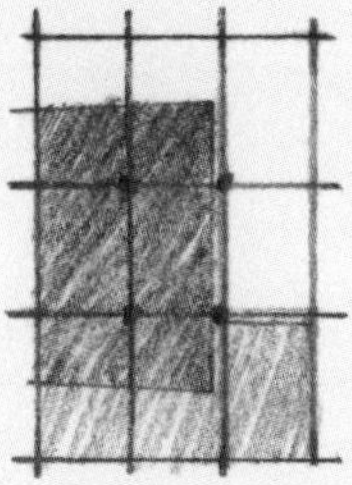

SCHLÜSSEL IV
ÜBERZEUGENDE KOMPOSITIONEN

Betrachten Sie sorgfältig die Szene vor Ihren Augen. Schließen Sie ein Auge, um sie als zweidimensionale Komposition wahrzunehmen. Rahmen Sie mit den Händen den Teil ein, den Sie für Ihre Zeichnung auswählen möchten. Machen Sie ein Foto und schauen Sie, wie die Komposition auf dem Kameradisplay wirkt. Was zieht den Blick auf sich? Welche Geschichte wollen Sie erzählen, und wie wollen Sie sie erzählen?

Es liegt in Ihrer Macht, eine Beziehung zwischen Ihrer Zeichnung und den Betrachtern herzustellen. Die Art und Weise, wie Sie die Zeichnung komponieren, kann den Blick lenken, die Betrachter in den Raum hineinlocken und ihnen etwas zeigen, was sie noch nie gesehen haben.

Die Zeichnung eines Cafés in Amsterdam bedient sich zweier klassischer Kompositionsprinzipien: der Zwei-Drittel-Regel und des Goldenen Schnitts.

⊂ STEPHANIE BOWER, USA

Eckcafé, Amsterdam

12,7 x 20,3 cm; Bleistift, Aquarellfarben, Skizzenbuch Aqua Journal Pentalic; 45 Minuten

37. Halten Sie sich an kompositorische Grundprinzipien.

Nachdem Sie einen interessanten Blickwinkel ausgewählt haben, ist es an der Zeit, Ihre Zeichnung anzulegen. Was soll darauf abgebildet sein und wie soll es auf dem Blatt arrangiert werden? Im Hochformat oder im Querformat? Es gibt zahlreiche Möglichkeiten, eine überzeugende Komposition zu schaffen; fünf bewährte Prinzipien stelle ich Ihnen hier vor.

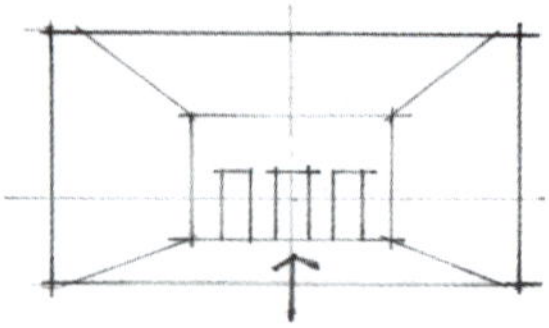

Symmetrie
Auf beiden Seiten gleich, liegt der Schwerpunkt der Zeichnung in der Mitte. Wunderbar für prächtige, klassische Architektur und um den Blick auf einen Punkt in der Ferne zu lenken. Aber die Komposition sollte nicht statisch und langweilig sein – lassen Sie es krachen!

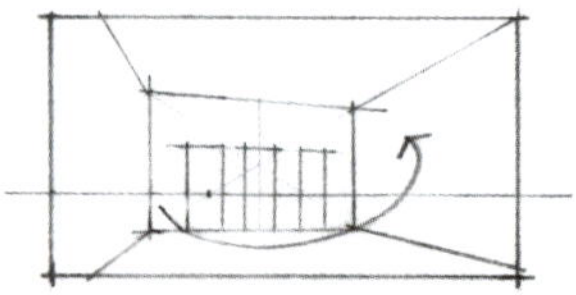

Asymmetrie
Ein Schwerpunkt, der nicht in der Mitte des Blatts liegt, schafft ein visuelles Ungleichgewicht, das den Blick über das Blatt lenkt. Dies verleiht einer Zeichnung Bewegung und Energie.

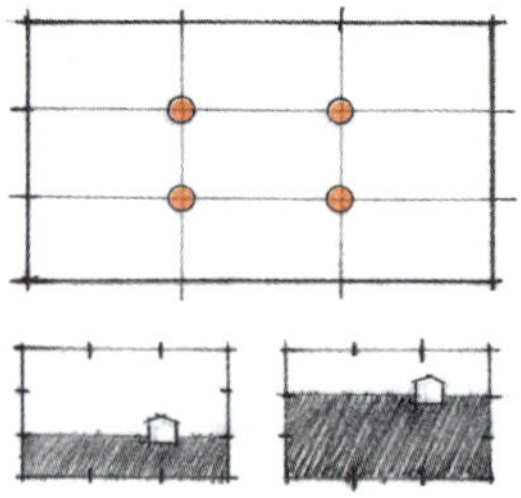

Zwei-Drittel-Regel
Dritteln Sie Ihr Blatt horizontal und vertikal und setzen Sie den Schwerpunkt Ihrer Zeichnung auf einen der vier Schnittpunkte. Legen Sie Kanten auf diese Linien. Dieses Prinzip führt immer zu ansprechenden Kompositionen.

Auch gut geeignet für starke Kompositionen mit extrem hohem oder tiefem Horizont.

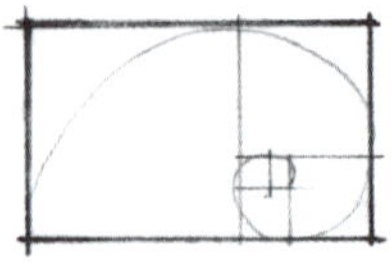

Goldener Schnitt
In der Natur häufig anzutreffen, ist dies das klassische Teilungsverhältnis, das schon die alten Griechen kannten. Es wirkt auf unsere Sinne bemerkenswert harmonisch. Das Verhältnis ist ungefähr 1 : 1,6, also eine Einheit hoch (oder breit) und etwas mehr als anderthalb Einheiten breit (oder hoch).

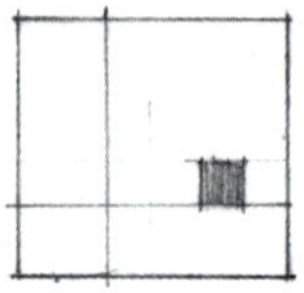

Quadrate
Quadratische Formate eignen sich gut für interessante Kompositionen mit zweidimensionalen Formen, die den positiven und den negativen Raum nutzen.

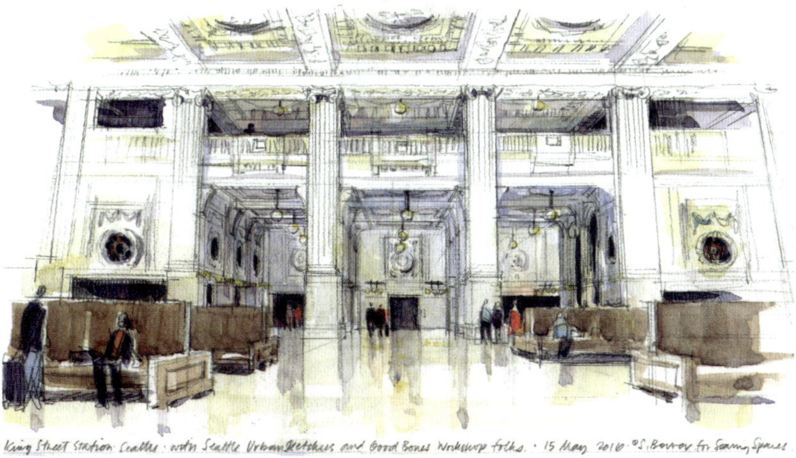

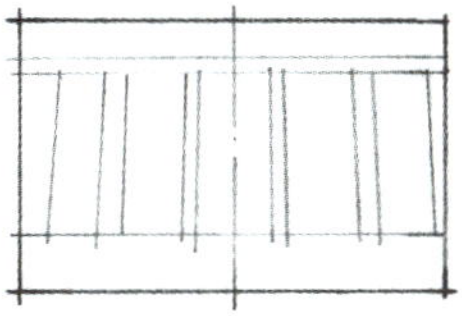

Diese Zeichnung eines klassischen Innenraums ist symmetrisch angelegt, um den architektonischen Entwurf zu betonen.

STEPHANIE BOWER, USA

Bahnhof King Street, Seattle

20,3 x 40,6 cm; Bleistift und Aquarellfarben; ca. 45 Minuten

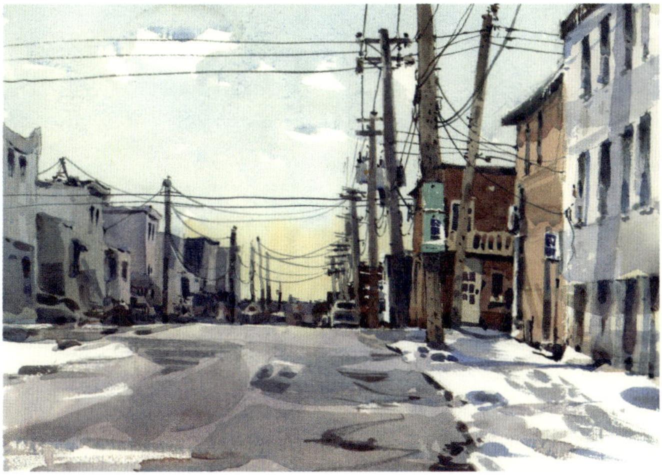

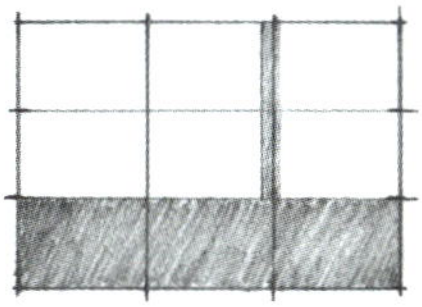

Shari hat der Komposition ihrer Zeichnung die klassische Zwei-Drittel-Regel zugrunde gelegt.

SHARI BLAUKOPF, Kanada

Kreuzung Rue Saint Louis und 6e Avenue, Montreal

28 x 35,5 cm; Bleistift und Aquarellfarben; 1,5 Stunden

38. Sorgen Sie für einen starken Bildschwerpunkt.

Was fasziniert Sie an der Szene, was fällt Ihnen ins Auge? Ein starker Schwerpunkt zieht den Blick ins Bild und erzählt Ihre Geschichte. Was Sie auswählen, ist ganz Ihnen überlassen – einen Menschen, eine bewegte Szene, einen Teil eines Gebäudes oder Objekts, einen Raum. Es gibt zahllose Möglichkeiten.

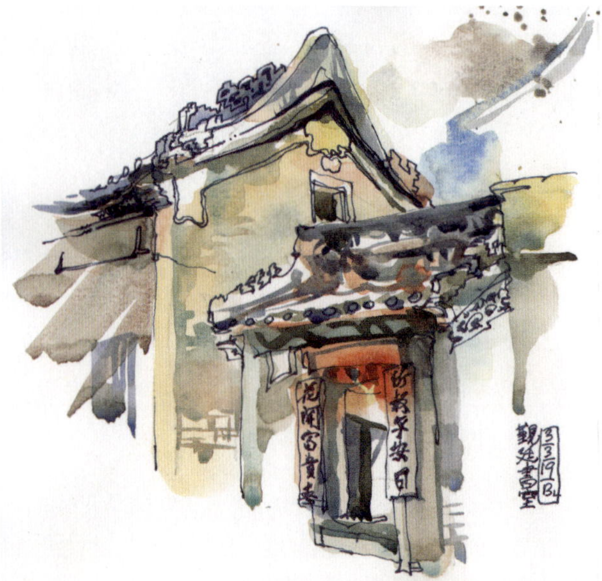

Ein Tropfen Rot, mehr braucht es nicht! Ben setzt den Schwerpunkt mittels Farbe, indem er einen knallroten Klecks platziert, der den Blick auf den Eingang des Gebäudes zieht.

© BEN LUK, Hongkong

Kun Ting Studiensaal, Hongkong

21 x 21 cm; Füller und Aquarellfarben; 45 Minuten

Tipps für einen starken Schwerpunkt:

- Sorgen Sie für Kontrast. Das Auge wird automatisch auf den Bereich mit dem stärksten Hell-Dunkel-Kontrast gezogen.
- Bauen Sie Linien und Details auf.
- Bauen Sie Farben auf, setzen Sie eine einzelne starke Farbe oder ein ganzes Farbfeuerwerk.
- Nutzen Sie für die Komposition einen vorliegenden Schwerpunkt, etwa einen Turm oder Springbrunnen.
- Halten Sie sich an die Zwei-Drittel-Regel, um den Schwerpunkt zu setzen.
- Verwenden Sie abwechselnd Helligkeiten und Dunkelheiten: Dunkler Vordergrund, heller Mittelgrund und dunkler Hintergrund vermitteln ein Gefühl von Tiefe und rahmen den Blick.
- Zeichnen Sie perspektivisch. Das lenkt den Blick wie von selbst auf den Fluchtpunkt (siehe Tipp 56).

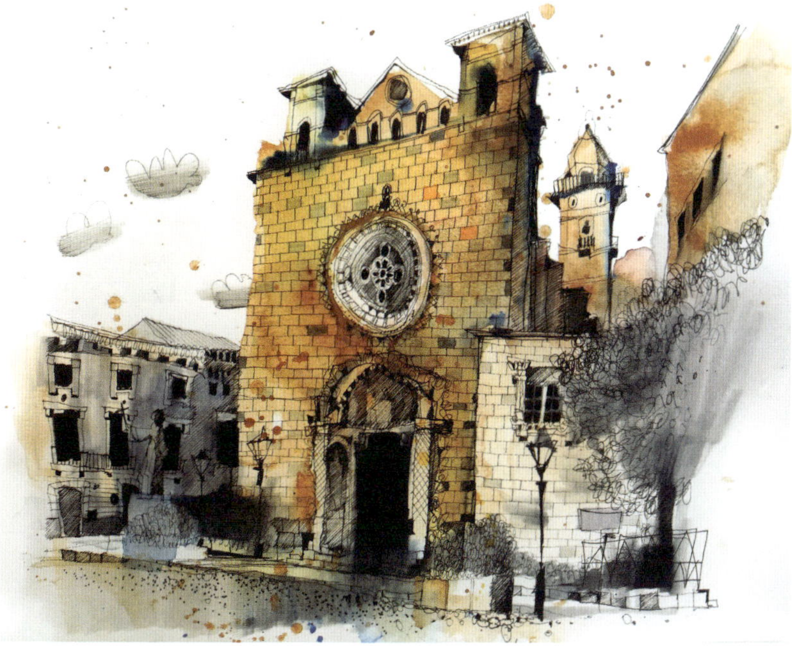

⬆ IAN FENNELLY, Großbritannien

Plaça de Sant Francesc, Palma, Mallorca, Spanien

30 x 40 cm; Fineliner und Aquarellfarben; 2,5 Stunden

Die mittige Position der Türöffnung schafft zusammen mit dem Aufbau der Farben und den Details um die Tür herum einen starken Schwerpunkt.

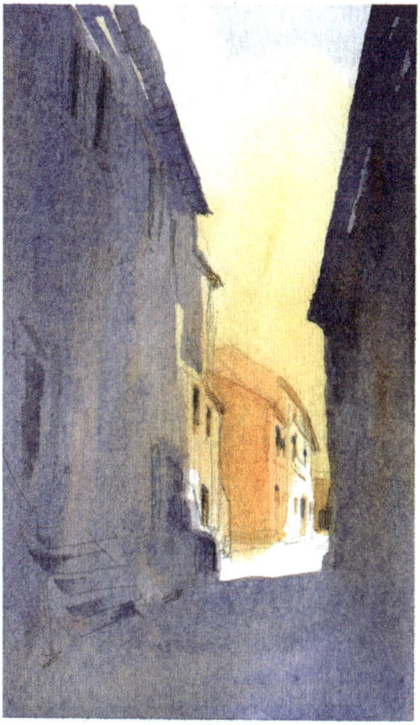

Ein dunkler L- oder U-förmiger Rahmen im Vordergrund verstärkt die Konzentration auf den Blick in den Hintergrund. Das ist eine klassische Technik. Alternierende Helligkeiten und Dunkelheiten ziehen den Blick in den Raum hinein.

➲ STEPHANIE BOWER, USA

Straße in Civita gegen Ende des Tages

12,7 x 20,3 cm; Bleistift und Aquarellfarben auf Aquarellpapier Arches; ca. 45 Minuten

39. Kein besonderer Schwerpunkt

Eine Zeichnung kann das Auge auch zu einem Spaziergang einladen ...

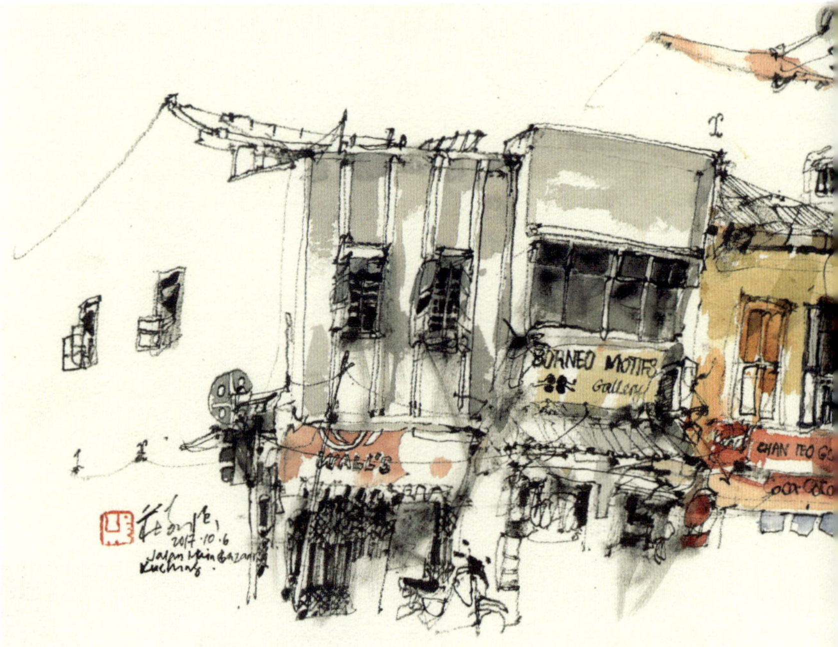

Der malaysische Zeichner KK ist ein Meister der Linien, die den Zeichenraum erkunden. Er schafft großartige Texturen, die man beinahe greifen kann. Seine Linien treten meisterhaft in die Zeichnung hinein und führen Sie auf eine visuelle Reise über das Blatt und wieder hinaus.

Achten Sie, wenn Sie sich im Internet oder in sozialen Medien Zeichnungen ansehen, einmal darauf, was Ihnen ins Auge fällt. Warum verweilen Sie bei einer Zeichnung und bei anderen nicht?

CH'NG KIAH KIEAN, Malaysia

Jalan Main Bazaar, Kuching (oben)

28 x 76 cm; Chinatusche und Aquarellfarben auf Papier; 2,5 Stunden

Kirche Notre-Dame de Bon Secours, Brüssel (rechts)

38 x 56 cm; Chinatusche und Aquarellfarben auf Papier; 2 Stunden

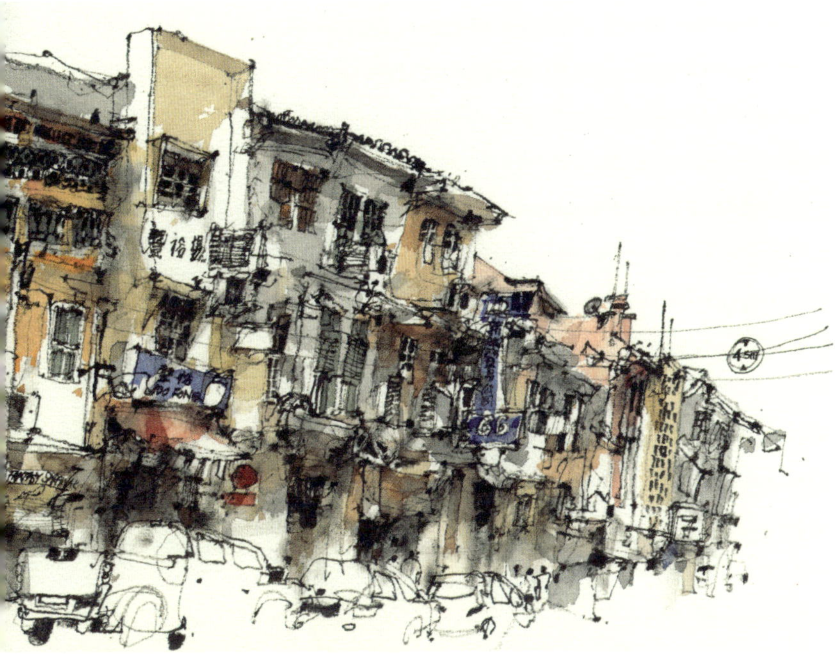

Church of Notre-Dame
Brussels

40. Rahmen Sie den Blick.

Ein Rahmen lenkt den Blick auf einen Schwerpunkt, er kann aber auch beim Zeichnen helfen. Verwenden Sie etwa eine Türöffnung oder einen Bogen als Referenz für die Platzierung und die Höhe der Objekte innerhalb des Rahmens.

Mit dem mittleren Bogen als Bezugsrahmen lassen sich die Bögen dahinter leichter platzieren. Zur Unterstützung können Sie sich zarte Hilfslinien oder Punkte einzeichnen.

STEPHANIE BOWER, USA

Chiesa di San Donato,
Civita di Bagnoregio, Italien

20,3 x 40,6 cm; Bleistift und Aquarellfarben auf Aquarellblock Fluid; ca. 1 Stunde

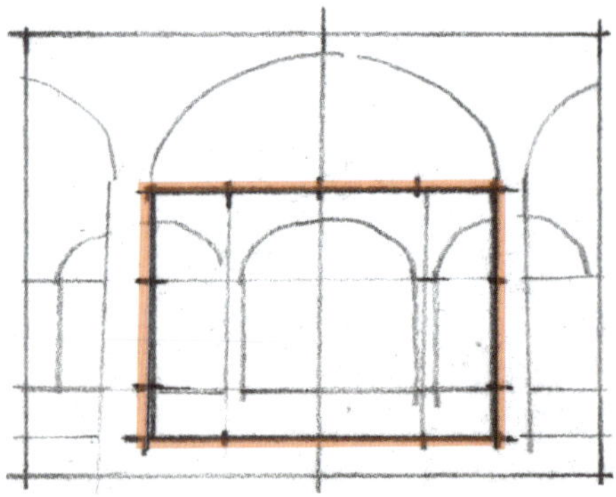

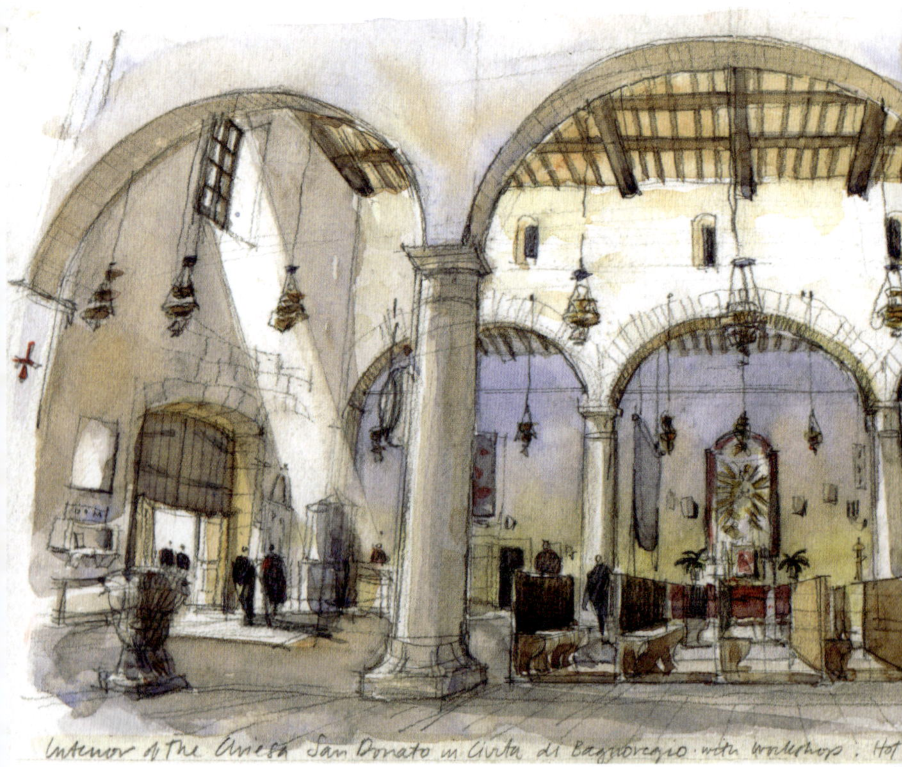

41. Erarbeiten Sie sich die Komposition mit einer schnellen Vorskizze.

Sie können sehr viel herausfinden und Ihre Nervosität abschütteln, wenn Sie zuerst eine Vorskizze – etwas größer als eine Briefmarke – anfertigen. Damit lassen sich Komposition, Perspektive, Tonwerte und sogar Farbe wunderbar studieren.

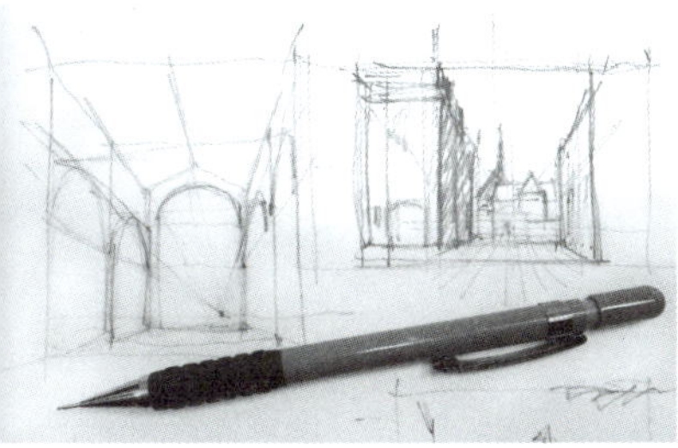

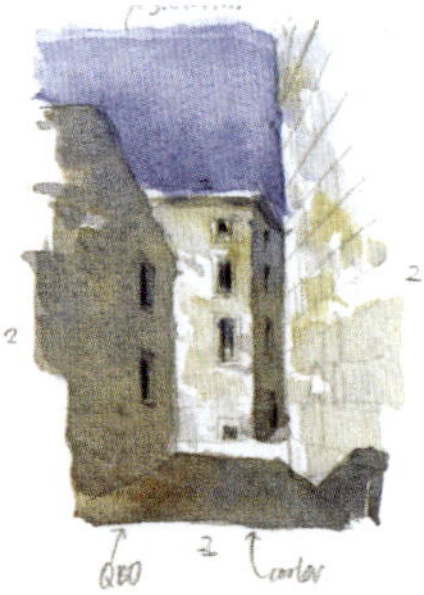

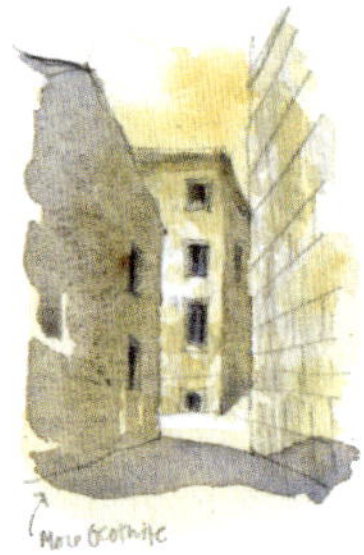

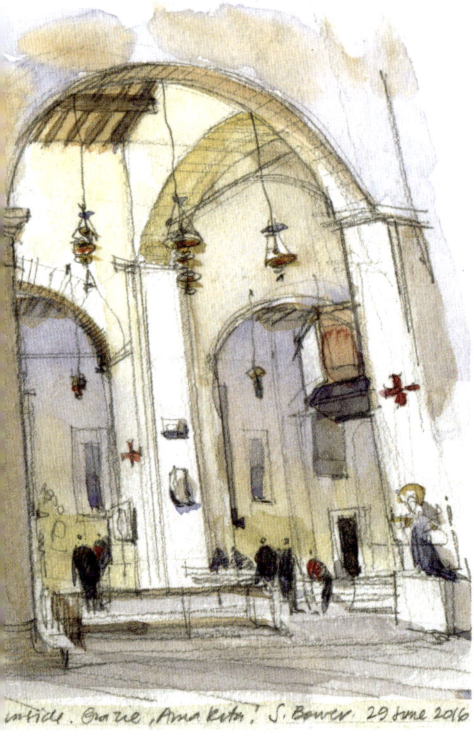

Ich mache oft Vorskizzen hinten ins Skizzenbuch. In wenigen Minuten kann ich mir so Komposition, Perspektive und Bildschwerpunkt erarbeiten. Und sie sind so klein, dass ich mich nicht in zeitaufwendigen Details verliere.

STEPHANIE BOWER, USA

Vorskizzen

20,3 x 40,6 cm; Bleistift und Aquarellfarben; jeweils 2 bis 5 Minuten

42. Vermeiden Sie eine Ecke in der Mitte der Zeichnung.

Eine Ecke mitten auf der Seite zerteilt das Bild und schiebt den Blick aus der Zeichnung hinaus. Platzieren Sie diese Ecke lieber rechts oder links der Mitte.

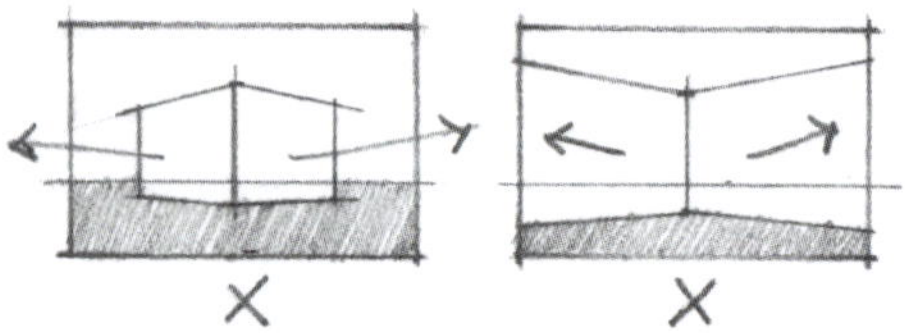

43. Blockieren Sie nicht den Fluchtpunkt.

So seltsam es klingt, die Menschen müssen sehen, wohin es geht, um sich in eine Zeichnung hineinziehen zu lassen. Gewähren Sie den Blick in die Ferne.

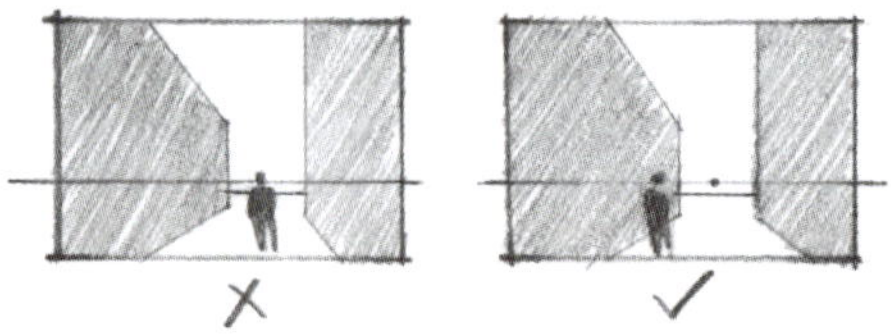

44. Raum sollte geerdet sein.

Zeigen Sie den Boden, damit Betrachter das Gefühl haben, in die Zeichnung hineinspazieren zu können.

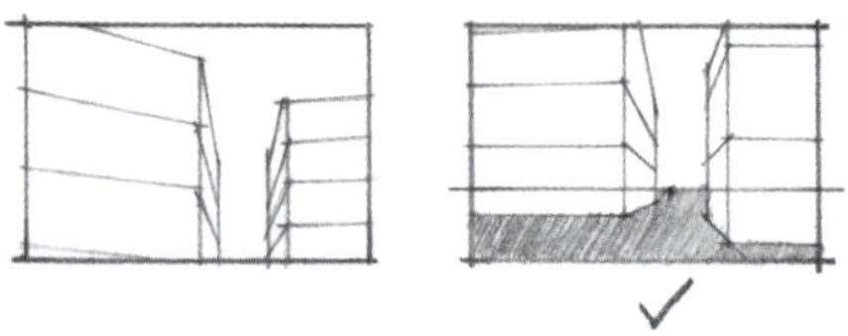

45. Neigen Sie den Boden, um Ihrer Zeichnung Bewegung zu verleihen.

Wenn Sie den Boden und den Horizont auf ihrem Blatt neigen, schaffen Sie ein Ungleichgewicht, das den Blick über die Seite streifen lässt, was für Bewegung und Energie sorgt.

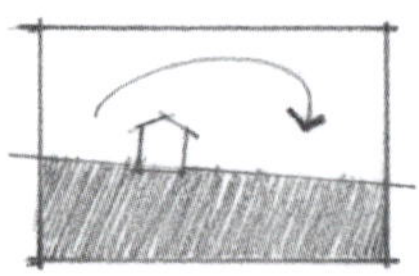

46. Um Höhe oder eine Decke zu zeigen, setzen Sie tief an.

Oft fangen wir an zu zeichnen und stellen irgendwann fest, dass die Turmspitze nicht mehr aufs Blatt passt. Um ein hohes Gebäude, einen hohen Raum oder viel Decke abzubilden, muss die Augenhöhe sehr tief aufs Blatt. Dann hat Ihre Zeichnung Raum zu wachsen.

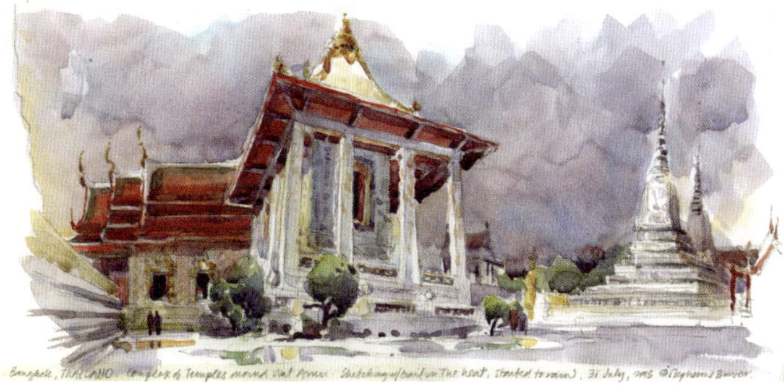

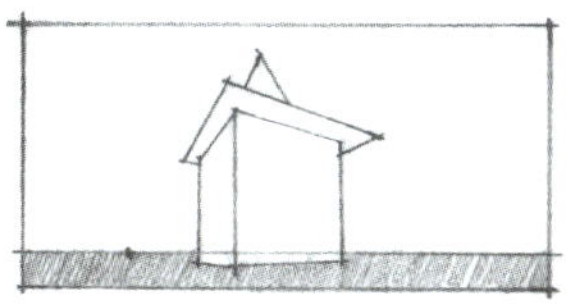

STEPHANIE BOWER, USA

Wat Arun, Bangkok, Thailand

20,3 x 40,6 cm; Bleistift und Aquarellfarben auf Aquarellblock Fluid; ca. 1 Stunde

47. Wenn etwas hoch oben ist, setzen Sie es oben aufs Blatt.

Das höchste Gebäude rechts ist nah am oberen Blattrand, was den Eindruck erweckt, es stünde auf einem Hügel.

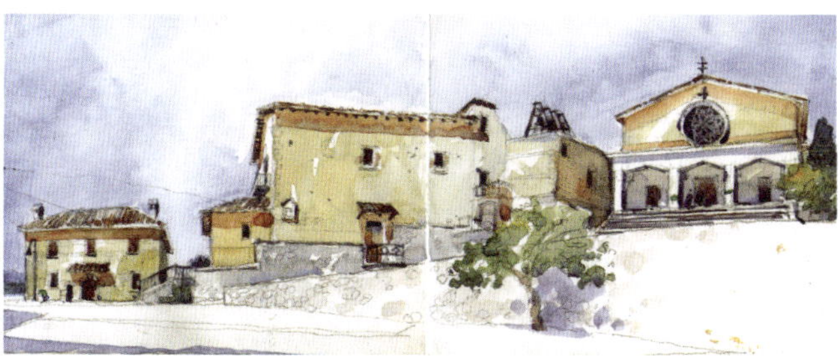

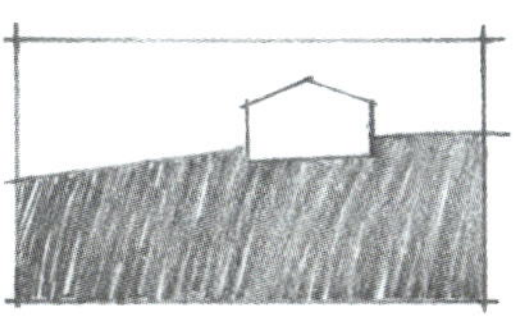

STEPHANIE BOWER, USA

Casaprota, Italien

17,8 x 50,8 cm; Bleistift und Aquarellfarben in Skizzenbuch Aqua Journal Pentalic; ca. 1 Stunde

48. Kombinieren Sie mehrere Ansichten.

Viele zu einer Komposition vereinte Ansichten können eine reiche, vielschichtige, mit Informationen vollgepackte Geschichte erzählen. Beim Arrangement mehrerer Zeichnungen sollten Sie eine visuelle Bedeutungshierarchie schaffen. Das Bild, das die Betrachter zuerst sehen sollen, ist meist das größte und findet sich an prominenter Stelle.

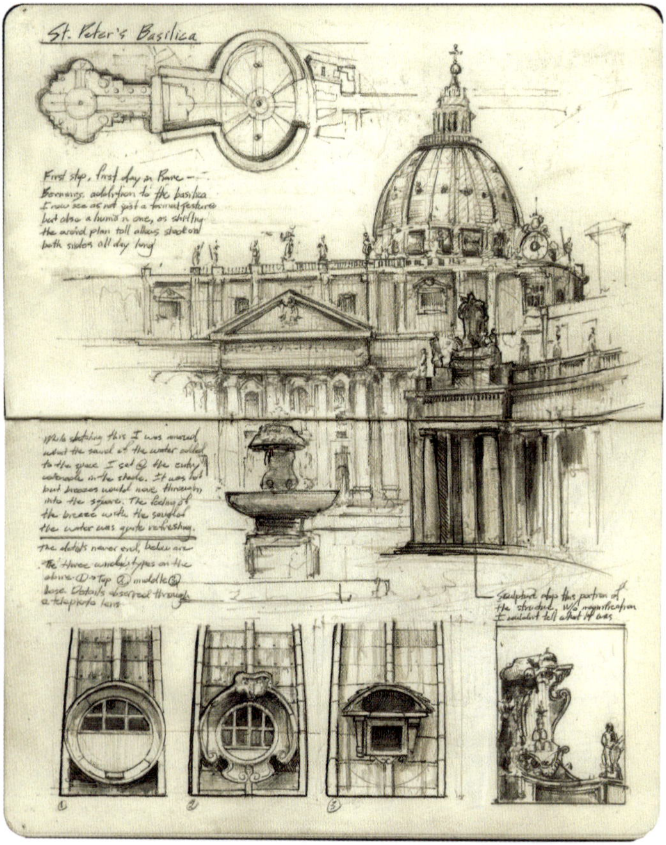

Jerome zeichnet und studiert in seinem Skizzenbuch Architektur. Beachten Sie die Rangfolge der Zeichnungen. Der Blick geht zuerst auf die größte Darstellung des Petersdoms, dann zu einer Reihe von vier kleineren Ansichten am unteren Blattrand. Textblöcke sorgen für Textur und Informationen, die die zeichnerischen Informationen ergänzen. Das Ganze ist viel mehr als die Summe seiner Teile.

JEROME TRYON, USA

Skizzen des Petersdoms in Rom

20,3 x 25,4 cm; Bleistift 2B, Tuschestift PITT Artist Pen Faber-Castel, Füller Lamy Safari mit Platinum Carbon Ink; 1 bis 1,5 Stunden

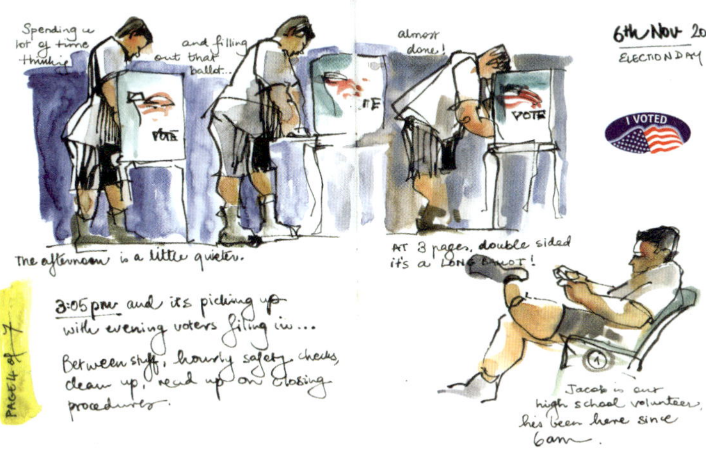

Eine vielschichtige Geschichte lässt sich auch durch das Aneinanderreihen von Bildern erzählen, die das Verstreichen der Zeit andeuten.

⮌ SUHITA SHIRODKAR, USA

Wahltag

25,4 x 40,6 cm; Aquarellfarben, Füller und Tinte; 30 Minuten

Ein Skizzenbuch zu führen ist eine sehr persönliche Art, ein Ereignis oder eine Reise festzuhalten. Fügen Sie Notizen hinzu, Kommentare, Überschriften, Pfeile, Fotos, Ticketabschnitte ... Es gib unendlich viele Möglichkeiten!

⮏ ALENA KUDRIASHOVA, Russland und Singapur

Fischmarkt in Jimbaran, Bali, Indonesien

24,5 x 34 cm; Füller Lamy (M) mit Platinum Carbon Ink, Wasserpinsel, Aquarellfarben; 2 bis 15 Minuten pro Zeichnung

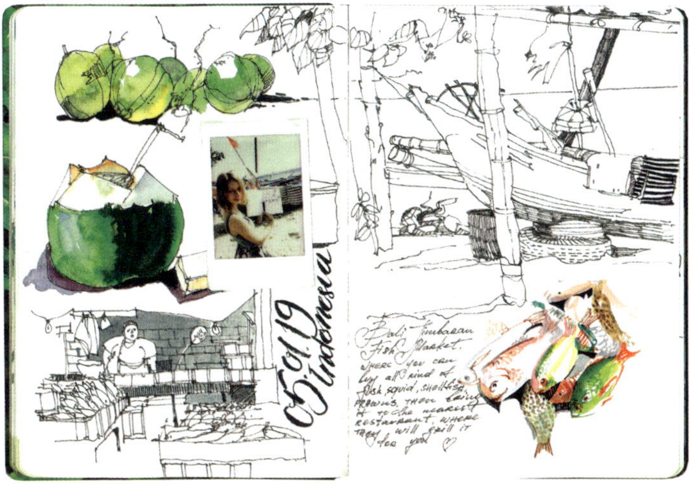

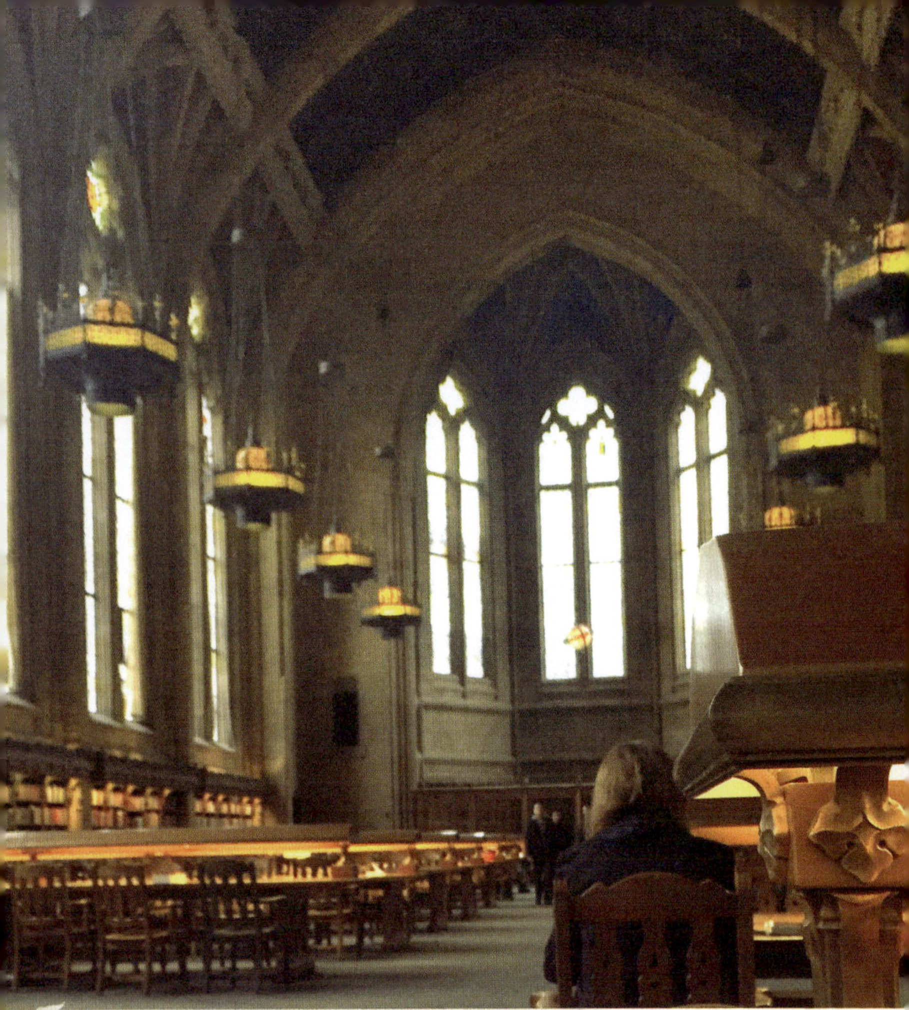
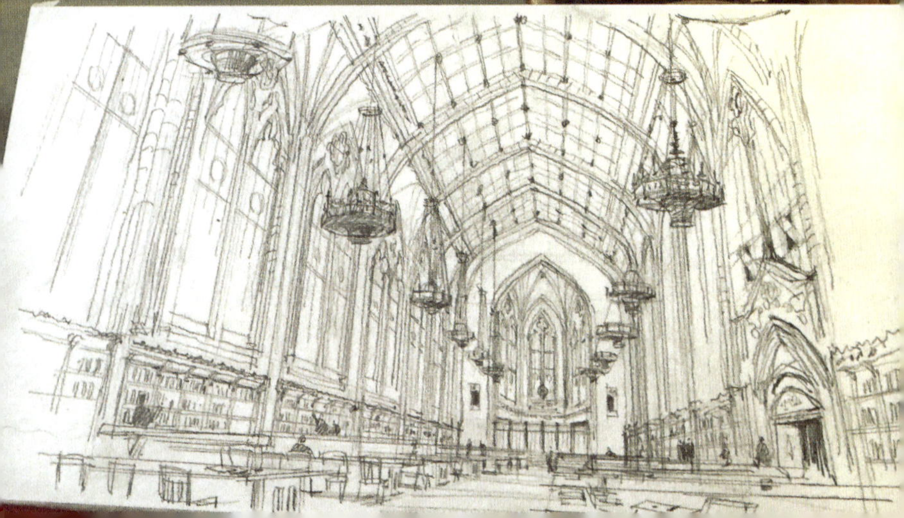

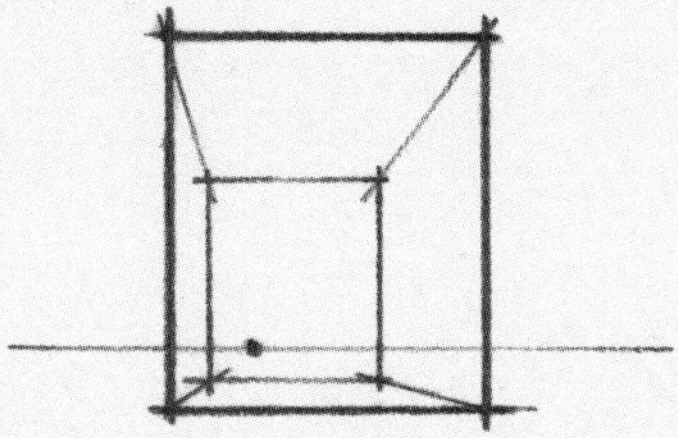

SCHLÜSSEL V
GRUNDGERÜST

Sie starren auf ein weißes Blatt und denken: »Du lieber Himmel, was mache ich denn jetzt? Wie soll ich diese weitläufige, komplexe Szene auf mein kleines, flaches Blatt Papier bringen?«

Jeder hat einen eigenen Zugang zum Zeichnen, doch die meisten guten Zeichner fangen mit dem Grundgerüst an. Das sind die ersten Linien Ihrer Zeichnung oder Ihres Gemäldes, und sie haben in der Regel etwas mit Perspektive zu tun. Perspektive wird gefürchtet, vorgetäuscht oder schlicht ignoriert, doch wenn man weiß, worauf man achten muss, ist sie gar nicht so schwierig. Wenn Sie einige grundlegende Prinzipien verstehen, werden Ihre Zeichnung akkurater, und das Zeichnen geht Ihnen leichter und schneller von der Hand..

Es gibt unzählige Bücher über Perspektive, darunter auch »Perspektive verstehen« in dieser Reihe über das Urban Sketching, hier also nur ein paar zusätzliche Tipps.

Und Sie können erleichtert aufatmen, weil die Perspektive nicht perfekt sein muss, sondern nur glaubhaft!

⊂ STEPHANIE BOWER, USA

Lesesaal der Suzzallo Library, University of Washington

20,3 x 40,6 cm; Drehbleistift auf Aquarellblock Fluid; ca. 1 Stunde

49. Zeichnen Sie wie Künstler. Lassen Sie Ihre Zeichnung wachsen.

Wie funktioniert Ihr Gehirn? Erfassen Ihre Augen zuerst Details oder Formen und Räume?

Zeichner, die aus der Kunst kommen, zeichnen zuerst, was Ihnen als Erstes ins Auge fällt. Dann fügen sie anderes hinzu; sie lassen die Zeichnung von diesem Punkt aus »wachsen«. Das funktioniert gut, wenn Sie sich am Anfang vorstellen können, wie das Ganze am Ende auf der Seite stehen wird.

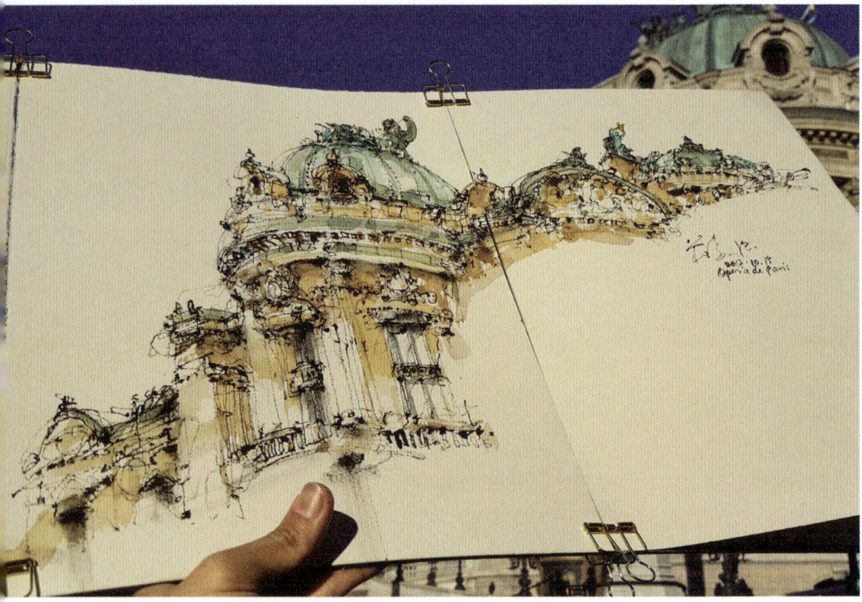

Ich habe im Laufe der Jahre Menschen auf unterschiedlichste Weise und aus unterschiedlichsten Gründen zeichnen sehen. Für einige, etwa Architekten, geht es beim Zeichnen vorrangig darum, aus dem, was sie sehen, zu lernen. Sie schauen sehr genau hin, nehmen Informationen auf und halten die Erfahrung mit einem gewissen Maß an Akkuratesse fest.

Für andere Zeichner, etwa viele Künstler, geht es mehr darum, ihre Erfahrungen festzuhalten. Bei ihren Zeichnungen sind eher Gesten und frei gesetzte Farben wichtig; sie möchten ein Gefühl festhalten oder eine Geschichte erzählen.

Was für ein Zeichentyp sind Sie?

∩ CH'NG KIAH KIEAN, Malaysia

Opéra national de Paris

38 x 84 cm Triptychon; Chinatusche und Aquarellfarben auf Papier; 2 Stunden

KK beginnt mit einem Blatt; wenn seine Zeichnung wächst, fügt er weitere Blätter hinzu. Er zeichnet mit Tusche und Zweigen, die er mit seinem Vater von einem Baum in der Nähe ihres Hauses schneidet.

50. Zeichnen Sie wie Architekten. Fangen Sie mit den großen Formen an.

Architekten zeichnen gern, wie sie denken – indem sie die gesamte Szene in einfache Formen übersetzen. Komplexe Gebäude und Räume werden dafür auf einfache Quadrate, Rechtecke, Dreiecke und Kreise reduziert. Auch wenn Sie kein Architekt sind, können Sie Ihren Blick entsprechend schulen.

Sobald die Formen zügig auf dem Papier umrissen sind, ist ein Großteil der Arbeit getan, denn Sie haben eine Art Stadtplan geschaffen, dem Sie beim schichtweisen Aufbau Ihrer Zeichnung folgen können. Sie wissen sofort, ob alles passt!

1. Fangen Sie mit der großen Form am Ende des Innenraums an (orange), denn sie bestimmt die Form des ganzen Raums.
2. Als Nächstes bestimmen Sie innerhalb der großen Form den Fluchtpunkt (orange) und markieren ihn.
3. Zeichnen Sie mit einer Linie (blau) quer über das Blatt Ihre Augenhöhe ein. Jetzt haben Sie alle Grundlinien – das Grundgerüst, das Sie für Ihre Zeichnung brauchen!

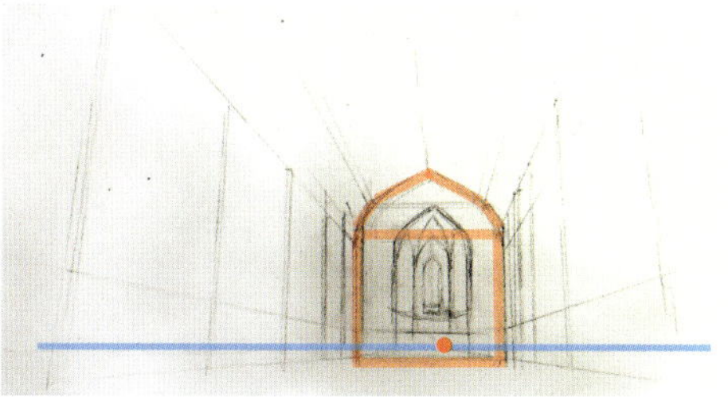

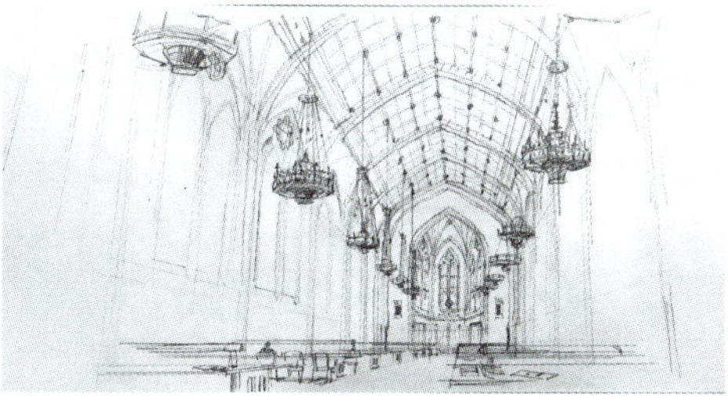

STEPHANIE BOWER, USA

Lesesaal der Suzzallo Library, University of Washington

20,3 x 40,6 cm; Drehbleistift auf Aquarellblock Fluid; ca. 1,5 Stunden

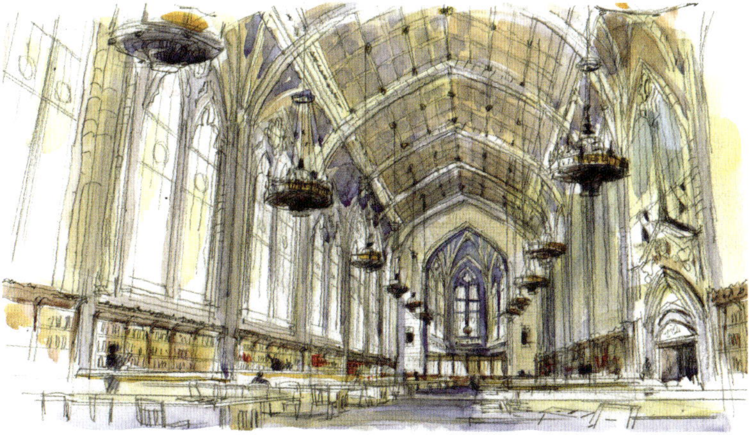

51. Reduzieren Sie das, was Sie vor Augen haben, auf simple Formen.

Halten Sie Ausschau nach den großen Formen, die Höhe und Breite des Raums bestimmen. Sobald Sie Gegenstände als simple Formen wahrnehmen, lassen diese sich leicht einschrumpfen und aufs Papier bringen.

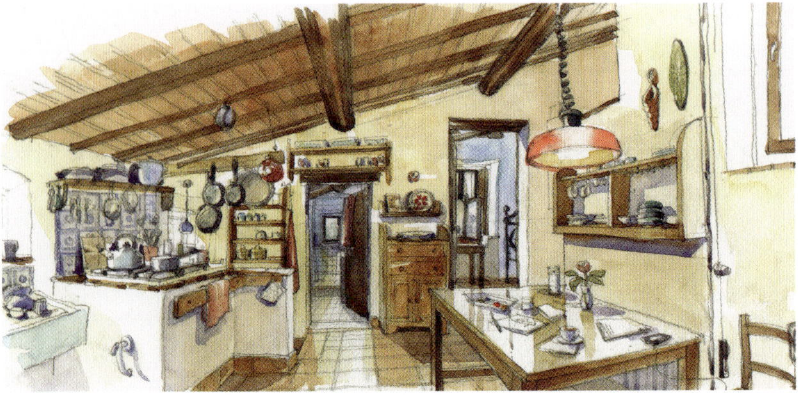

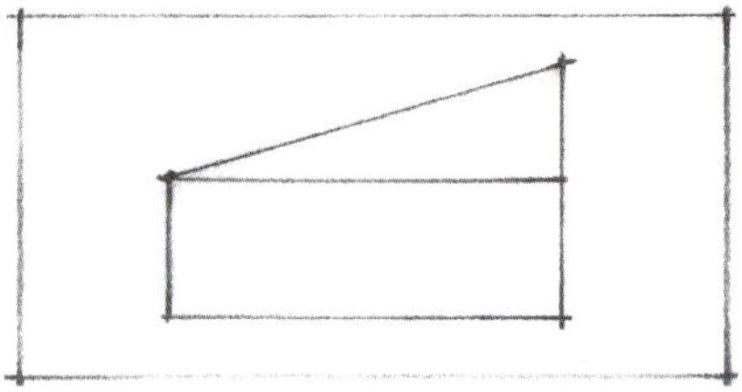

STEPHANIE BOWER, USA

Il Giardino, Civita di Bagnoregio, Italien

20,3 x 40,6 cm; Drehbleistift auf Aquarellblock Fluid; 1,5 Stunden

52. Fangen Sie mit zarten *Konstruktionslinien* an, und radieren Sie nicht.

Die ersten Linien für die großen Formen ziehen Sie so zart, dass sie kaum zu sehen sind. Sie verschmelzen mit dem Hintergrund Ihrer Zeichnung. Und wenn sie doch sichtbar bleiben, verraten Sie ein wenig über Ihren Zeichenprozess.

53. Finden Sie eine Referenzlinie zum Messen.

Was brauchen Sie als Erstes, wenn Sie sich zum Zeichnen hinsetzen und sich daran machen, die großen Formen zu umreißen? Eine Referenzlinie in Ihrem Blickfeld, idealerweise eine vertikale Linie an einer Ecke, um an ihr die Höhe und Breite der Formen - ihre Proportionen - zu messen. Es ist die erste Linie, die Sie aufs Papier setzen; ihre Größe auf dem Blatt bestimmt die Dimensionen der Zeichnung.

● 54. Benutzen Sie Ihren Stift als Maßstab.

Ein Zeichenstift eignet sich hervorragend, um Objekte zu messen. Schließen Sie ein Auge, halten Sie den Stift vor sich und bewegen Sie die Hand vor und zurück, bis der Stift mit der Länge Ihrer Referenzlinie übereinstimmt. Arretieren Sie den Arm. Jetzt können Sie mit dem Stift die relative Höhe und Breite von allem messen, was in Ihrem Sichtfeld ist. Eine Form kann z. B. zwei Stiftlängen hoch und zwei Stiftlängen breit sein.

Das Foto zeigt die Kante, die ich meist als Referenz- oder Messlinie verwende, normalerweise eine vertikale Linie in einer Ecke oder an einer Gebäudekante. Stimmt die Bleistiftlänge mit dieser Kante überein, kann ich mit dem Bleistift Höhe und Breite der großen Formen messen, die ich für das Anlegen meiner Zeichnung brauche.

Dabei übertrage ich nicht die tatsächliche Länge des Bleistifts aufs Papier, sondern nur die damit gemessenen Proportionen. Diese Form ist eine Bleistiftlänge hoch und etwa 1⅓ Bleistiftlängen breit.

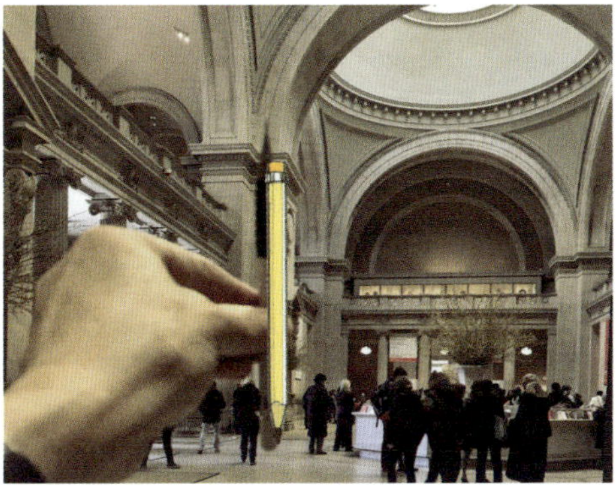

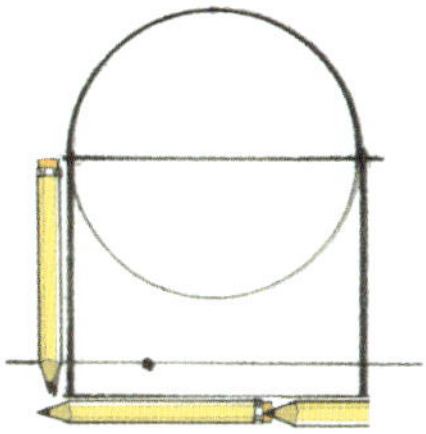

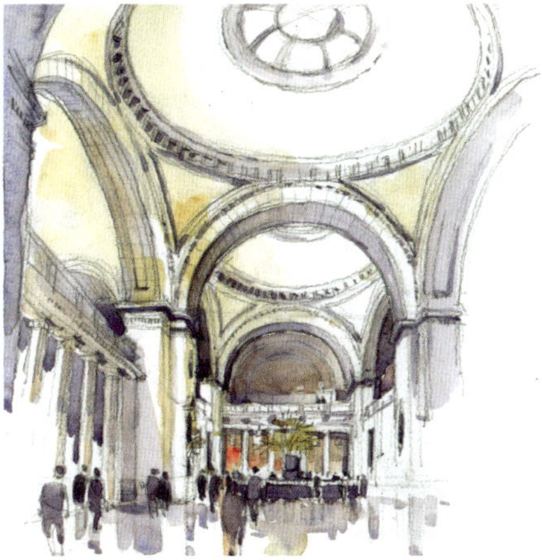

➲ **STEPHANIE BOWER, USA**

Metropolitan Museum of Art, New York

20,3 x 20,3 cm; Drehbleistift und Aquarellfarben in Skizzenbuch HandBook; 1 Stunde

● 55. Fangen Sie langsam und sorgfältig an und steigern Sie dann das Tempo.

Nehmen Sie sich anfangs die Zeit, die ersten Linien korrekt zu ziehen. Sobald das Grundgerüst steht, lassen Sie die Hand fliegen! Ihre Zeichnung sollte Tempo aufnehmen; zügiges Arbeiten sorgt für Energie.

56. Die erste Regel der Perspektive verstehen

Die wichtigste Regel beim perspektivischen Zeichnen lautet wahrscheinlich: Linien, die parallel zueinander verlaufen, scheinen sich an einem Punkt in der Ferne zu überschneiden.

Denken Sie an Eisenbahnschienen. Wir wissen, dass die Schienen auf der ganzen Strecke denselben Abstand haben, und doch sieht es so aus, als würden sie in der Ferne zusammenlaufen. Dieser Punkt, an dem sie sich kreuzen oder zusammenlaufen, ist der Fluchtpunkt (FP), er ist der Schlüssel zum perspektivischen Zeichnen.

Jeder Satz paralleler Linien hat seinen eigenen FP. Zum Beispiel sehen wir von einem Gebäude, das wir schräg betrachten, zwei Seiten. Alle parallelen Linien auf der linken Seite laufen in einem FP links davon zusammen. Die Linien auf der rechten Seite sind nicht parallel zu denen links und haben einen eigenen FP rechts. Wenn man beide Seiten des Gebäudes sieht, braucht man die Zweipunkt-Perspektive.

Das Erstaunliche ist: Beide Punkte liegen auf Ihrer Augenhöhe!

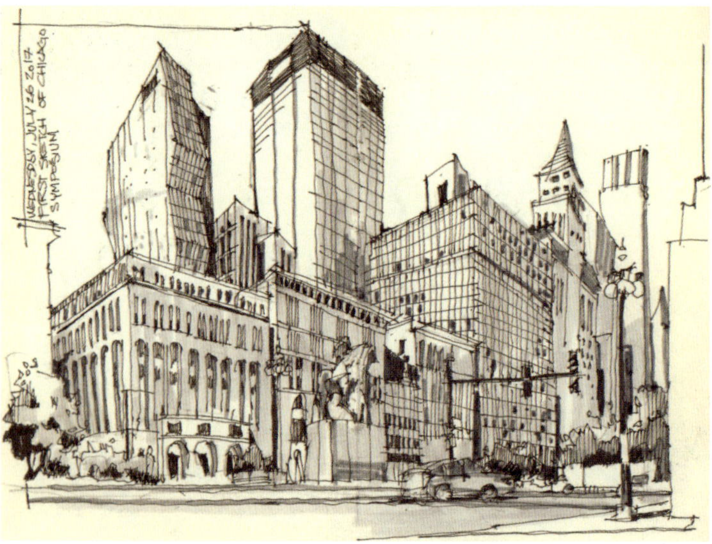

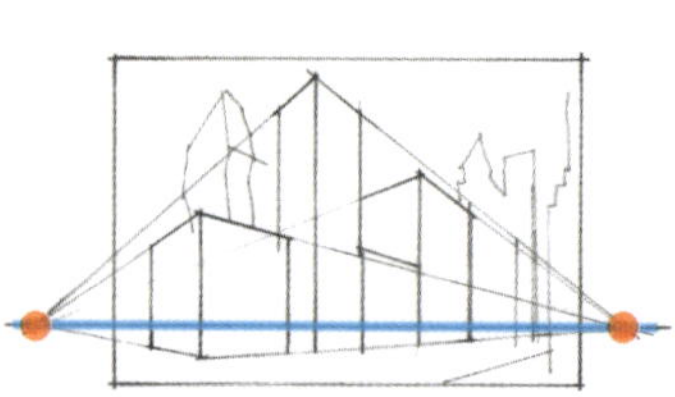

JOSIAH HANCHETT, USA

Michigan Ave., Chicago

12,7 x 12,7 cm; Stift und Marker Tombow; 1 Stunde

57. Ihr Blick auf das Objekt bestimmt Ihre Perspektive.

Viele verstehen das Konzept der Perspektive, wenn sie einen Karton auf einem Tisch betrachten. Aber wie finden Sie die Fluchtpunkte, wenn Sie auf einer Straße oder in einem Zimmer sitzen und zeichnen möchten? Warum braucht man hier eine Einpunkt-Perspektive und dort eine mit zwei Fluchtpunkten? Es ist ganz einfach. Es kommt darauf an, *wie* Sie das Objekt betrachten – Ihre Beziehung ist das, was Sie zeichnen.

Falls Sie sitzen oder stehen und das Objekt von vorn betrachten, haben Sie nur einen Satz Linien, die in der Ferne verschwinden und in einem einzigen Fluchtpunkt zusammenlaufen. Sobald Ihr Blick leicht schräg auf das Objekt fällt, haben Sie eine Zweipunkt-Perspektive, bei der beide Fluchtpunkte auf Ihrer Augenhöhe liegen.

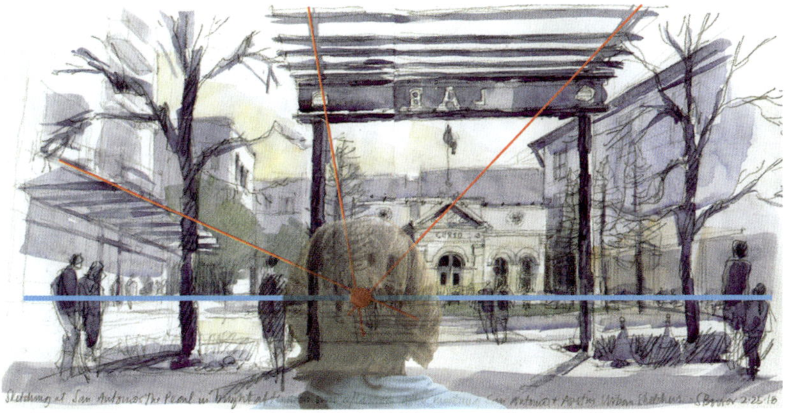

STEPHANIE BOWER, USA

The Pearl, San Antonio

20,3 x 40,6 cm; Bleistift und Aquarellfarben; ca. 45 Minuten

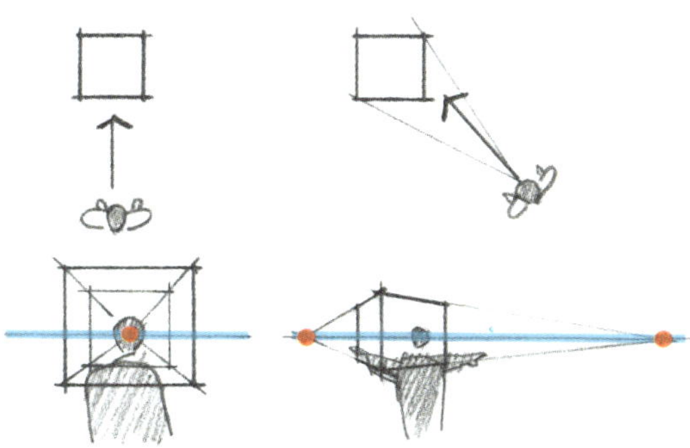

In dieser Perspektive liegt der wichtigste Fluchtpunkt direkt vor mir auf meiner Augenhöhe.

58. Reine Ansichtssache

Es gibt – perspektivisch gesehen – sehr viele Möglichkeiten, etwas zu betrachten. Sie haben die Wahl! Ihre Perspektive gilt nur für Ihren Standpunkt und wird davon bestimmt, *wie* Sie Ihr Objekt betrachten.

Bei der Beschreibung von Perspektiven verwenden wir die Zahl der Fluchtpunkte (sie beschreiben den Blickwinkel, aus dem Sie Ihr Objekt betrachten) und benennen die Augenhöhe (die Höhe Ihrer Augen über dem Boden). Kombinieren Sie die Variablen zu Ihrem ganz persönlichen Perspektive-Rezept!

Zahl der Fluchtpunkte
Wie Sie Ihr Objekt betrachten:

EINPUNKT-PERSPEKTIVE
Sie blicken geradeaus auf Ihr Objekt.

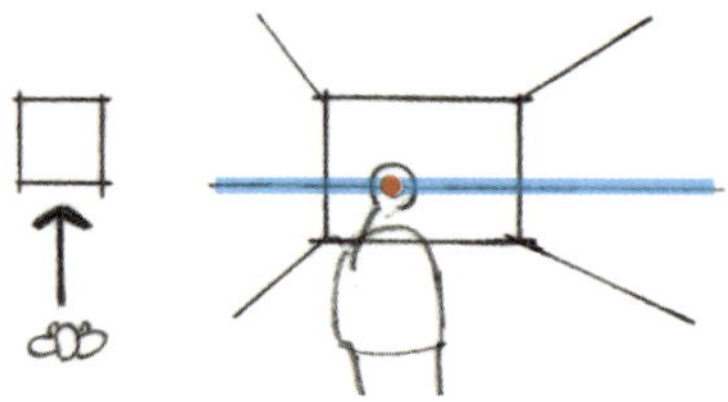

ZWEIPUNKT-PERSPEKTIVE
Sie blicken schräg auf Ihr Objekt.

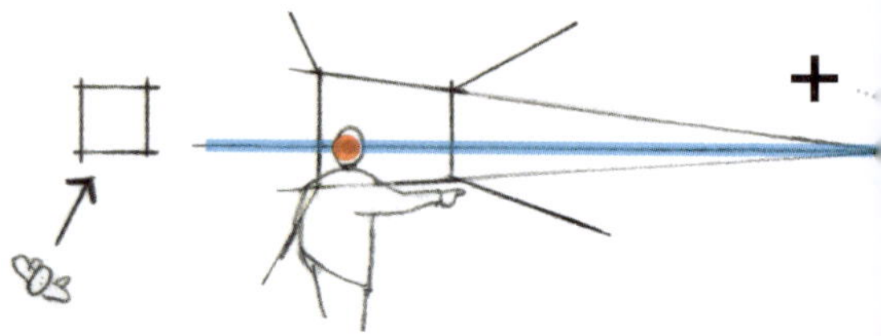

DREIPUNKT-PERSPEKTIVE
Der Blick geht nach oben (vertikale Linien laufen oben zusammen) oder nach unten (vertikale Linien laufen unten zusammen) auf einen zusätzlichen FP. Zusammenlaufende vertikale Linien übertreiben Höhe oder Tiefe.

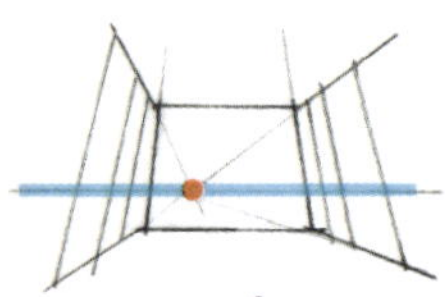

auf

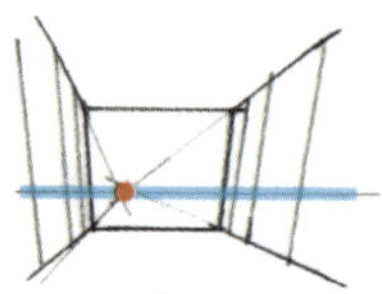

ab

WEITWINKEL
Vertikale Linien laufen weit oben oder unten in einem dritten FP zusammen.

oder **FISCHAUGE**

Vor allem horizontale Linien werden gekrümmt, um weiten Raum abzubilden.

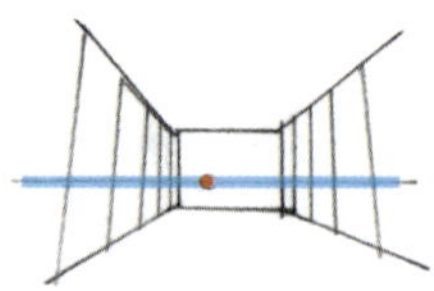

Weitwinkel

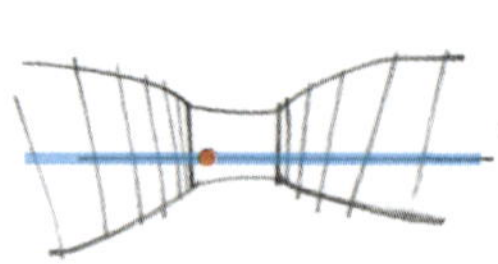

Fischauge

Sie können diese Begriffe beliebig kombinieren. Zum Beispiel können Sie einen Einpunkt-Vogelperspektive-Blick haben, einen Zweipunkt-Augenhöhe-Blick, einen Dreipunkt-Froschperspektive-Blick und so weiter.

STEPHANIE BOWER, USA

Vaux-le-Vicomte (oben); mittelalterliches Oxford (Mitte); Chiesa di San Donato (unten)

Bleistift und Aquarellfarben; jeweils ca. 1 Stunde

Ihre Augenhöhe
Die Höhe Ihrer Augen über dem Boden:

VOGELPERSPEKTIVE =
Ihre Augenhöhe ist hoch über dem Boden.

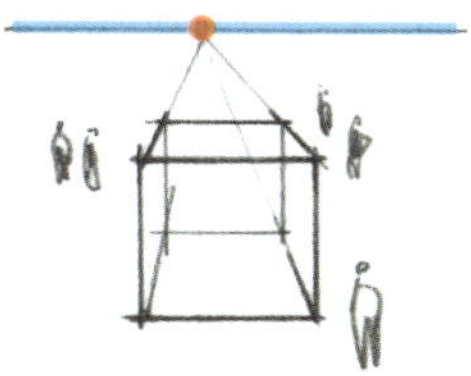

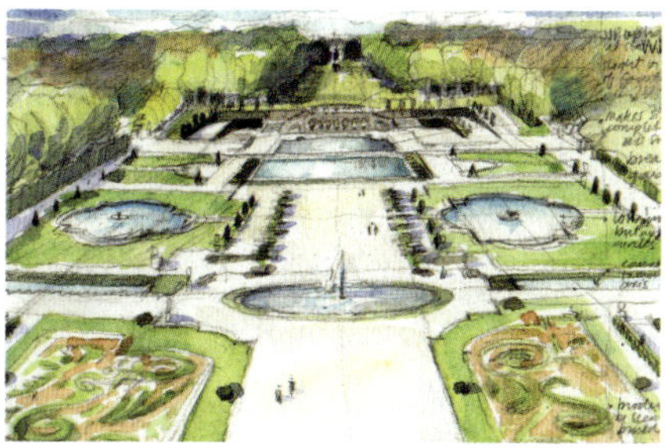

EINPUNKT-VOGELPERSPEKTIVE

NORMALPERSPEKTIVE =
Ihre Augenhöhe liegt ca. 1,5 Meter über dem Boden.

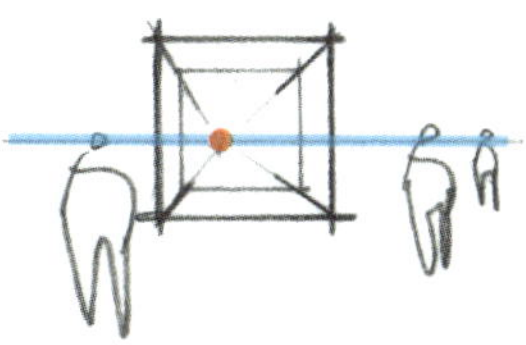

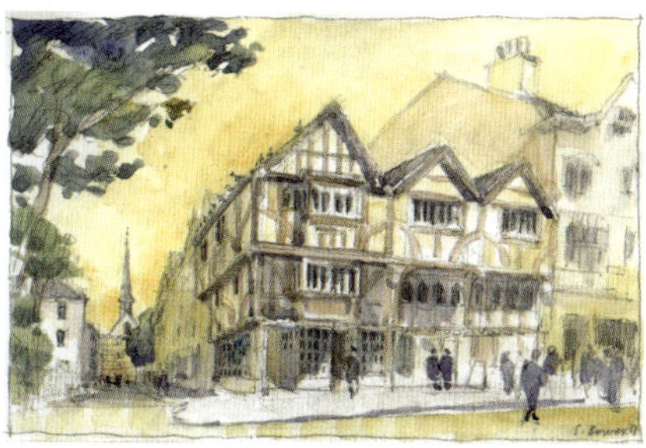

ZWEIPUNKT-NORMALPERSPEKTIVE

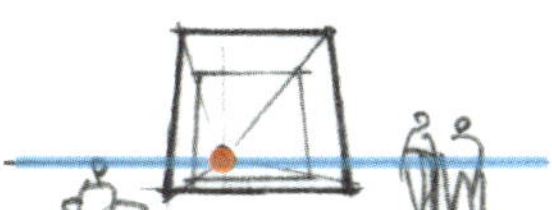

FROSCHPERSPEKTIVE =
Ihre Augenhöhe ist in Relation zu Ihrem Objekt oder anderen Menschen sehr tief oder Sie sitzen.

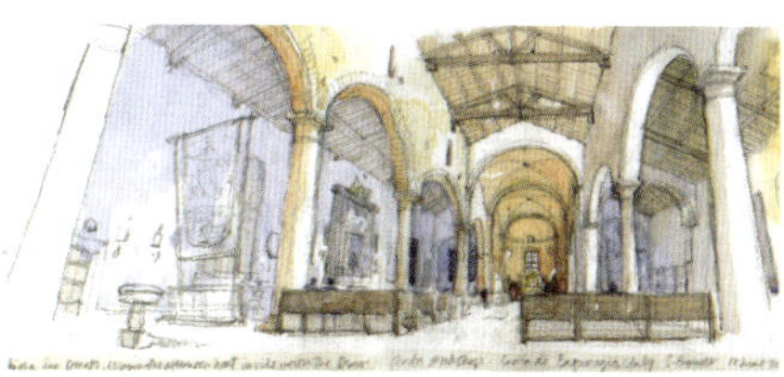

DREIPUNKT-WEITWINKEL-/FROSCHPERSPEKTIVE

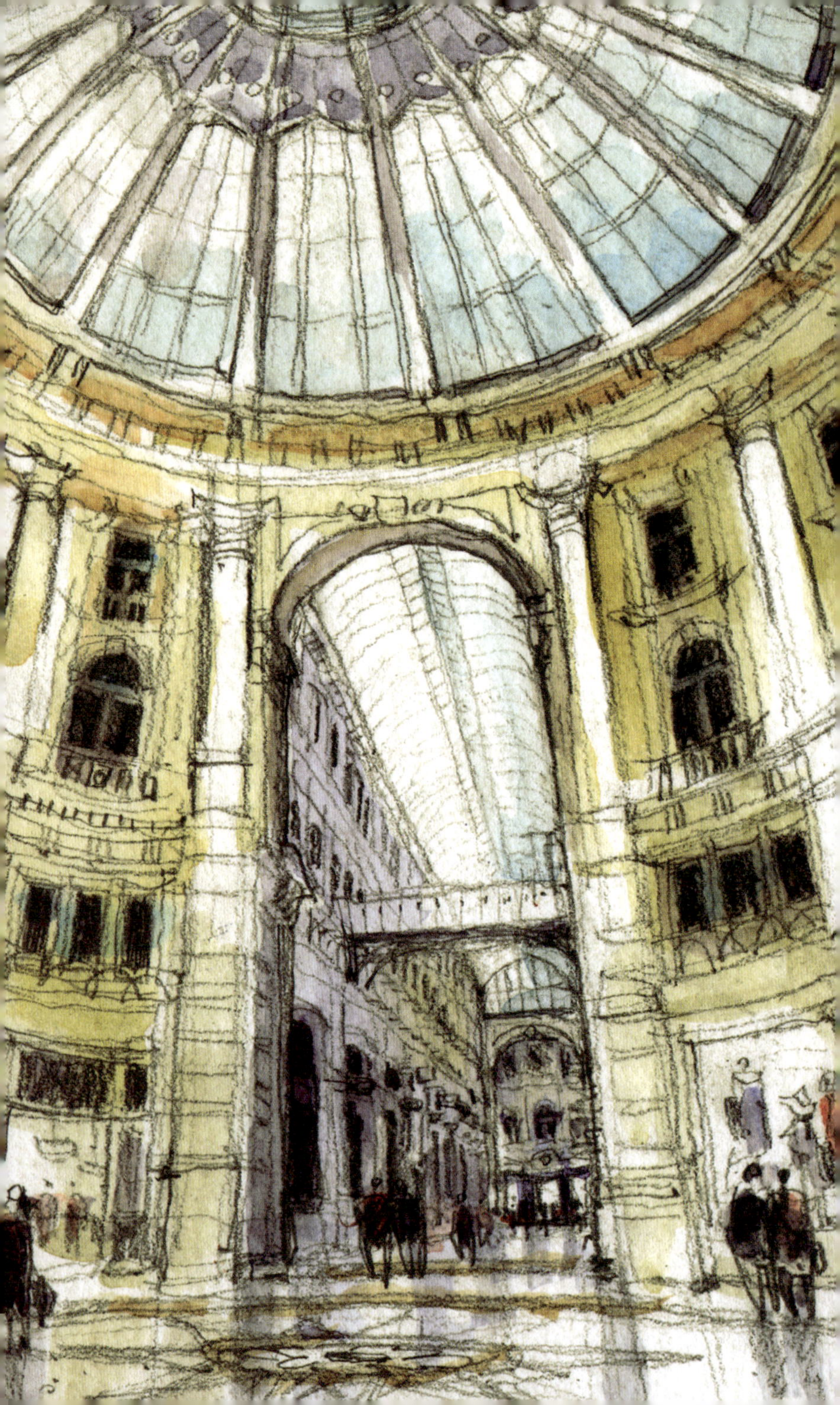

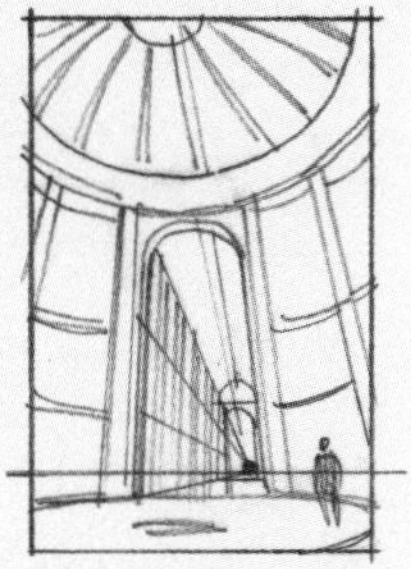

SCHLÜSSEL VI
ALLES AUF AUGENHÖHE

Ihre Augenhöhe ist nicht nur wichtig, weil dort die meisten Fluchtpunkte zu finden sind, sie ist auch sonst auf vielerlei Art erstaunlich nützlich.

Obwohl diese Zeichnung den Blick nach oben in die gläserne Kuppel darstellt, liegen Augenhöhe und Fluchtpunkte für die Perspektive unten, nah am Boden.

⊂ STEPHANIE BOWER, USA

Passage, Den Haag

20,3 x 12,7 cm; Drehbleistift und Aquarellfarben in Skizzenbuch Aqua Journal Pentalic; ca. 45 Minuten

59. Augenhöhe, nicht Horizontlinie!

Wir wissen, dass sich parallele Linien, die sich von uns entfernen, in der Ferne am sogenannten Fluchtpunkt (FP) zu überschneiden scheinen. Dieser Punkt liegt auf einer Linie, die wir gemeinhin Horizontlinie nennen, die Linie am Horizont, wo der flache Boden oder das Meer auf den Himmel trifft.

Allerdings sehen Sie den Horizont meistens gar nicht, es sei denn, Sie zeichnen am Strand. Für Zeichner ist es hilfreich, diese wichtige Linie anders zu betrachten: Die Horizontlinie deckt sich mit unserer Augenhöhe!

Auf diesem Foto aus Venedig stehe ich in einer oberen Etage und blicke nach unten. Die Linie, wo Wasser und Himmel aufeinandertreffen, die Horizontlinie, liegt auf meiner Augenhöhe. Die Fluchtpunkte der Gebäude liegen ebenfalls auf dieser Linie.

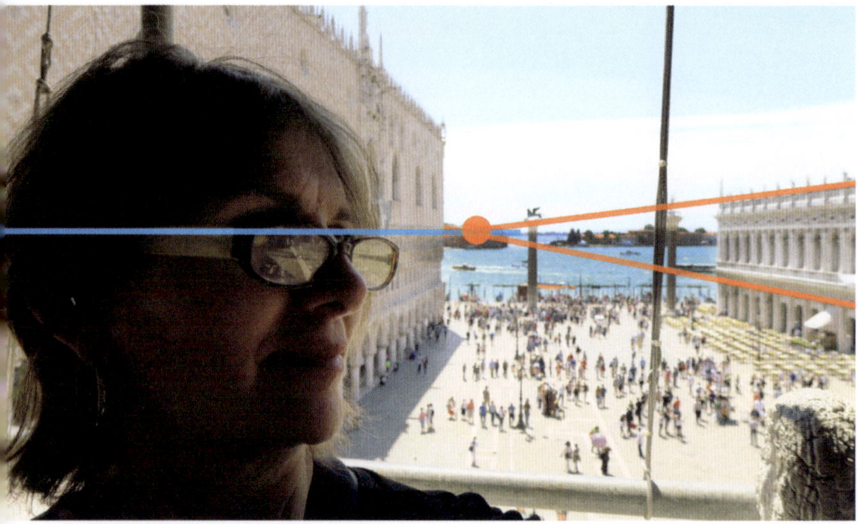

Wenn Sie stehen, ist Ihre Augenhöhe etwa 1,5 Meter über dem Boden.

Wenn Sie auf einem Stuhl sitzen, ist Ihre Augenhöhe etwa auf Höhe einer Türklinke.

Zeichnen Sie Ihre Augenhöhe immer mit einer zarten Linie ein. Sie ist ein nützlicher Bezug für Ihre Zeichnung.

60. Je näher die Linien Ihrer Augenhöhe sind, desto flacher erscheinen sie.

Und auf Augenhöhe verflachen sie vollständig zu einer horizontalen Linie. Das nennt man Verkürzung. Es ist beim Zeichnen sehr nützlich, das zu wissen, etwa bei der Unterkante von Gebäuden oder bei Mauerwerk. Die abflachenden Linien verweisen darauf, wo die Augenhöhe und damit auch die Fluchtpunkte zu finden sind.

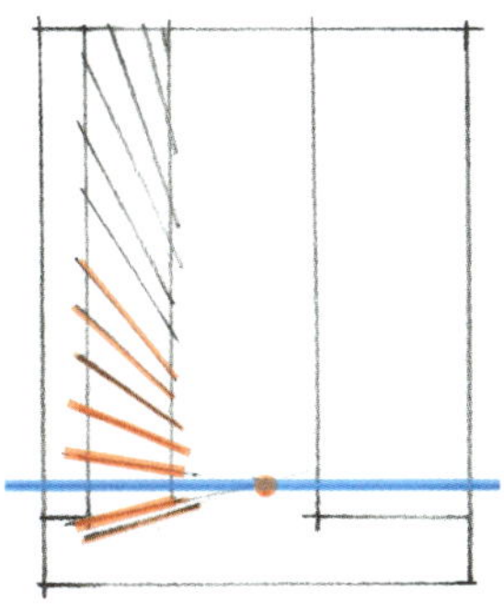

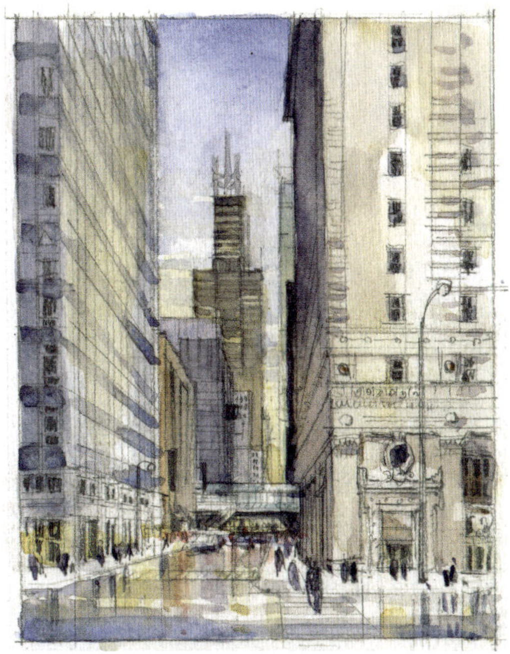

➲ STEPHANIE BOWER, USA

Chicago

15,2 x 10,2 cm; Drehbleistift, Aquarellfarben in Skizzenbuch Aqua Journal Pentalic; 45 Minuten

Sie suchen den Fluchtpunkt? Schießen Sie einen Pfeil ab!

Richten Sie den Pfeil weder nach oben noch nach unten, sondern schießen Sie ihn auf Ihrer Augenhöhe ab. Da, wo er auftrifft, ist Ihr Fluchtpunkt.

Für eine Einpunkt-Perspektive sollten Sie gerade stehen und geradeaus blicken. Ihre Blickachse trifft im rechten Winkel auf Ihr Objekt.

Bei einer Zweipunkt-Perspektive strecken Sie die Arme auf Augenhöhe aus, parallel zu den Seiten des Gebäudes, das Sie zeichnen. Ihre Hände zeigen auf die beiden Fluchtpunkte!

61. Linien über der Augenhöhe laufen nach unten. Linien darunter nach oben.

Sobald Sie Ihre Augenhöhe bestimmt haben, finden Sie leicht heraus, wohin die anderen Linien verlaufen.

Linien über Ihrer Augenhöhe (blau) laufen nach unten zum Fluchtpunkt (orange), während Linien unterhalb Ihrer Augenhöhe nach oben zum Fluchtpunkt laufen (pink).

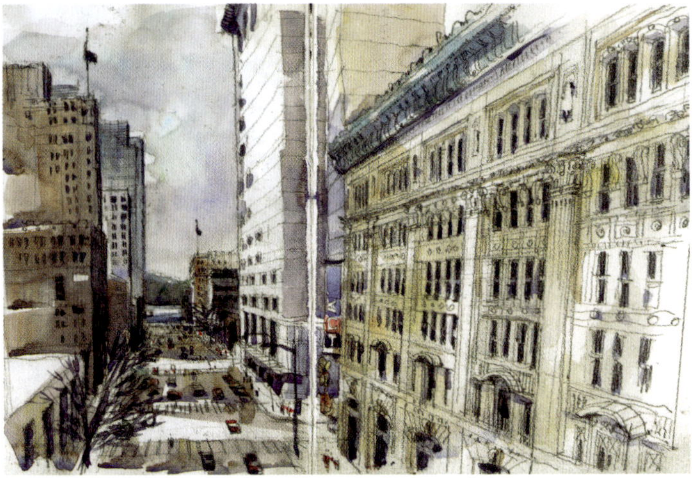

STEPHANIE BOWER, USA

Downtown Seattle

20,3 x 40,6 cm; Drehbleistift und Aquarellfarben in Skizzenbuch HandBook; 1,5 Stunden

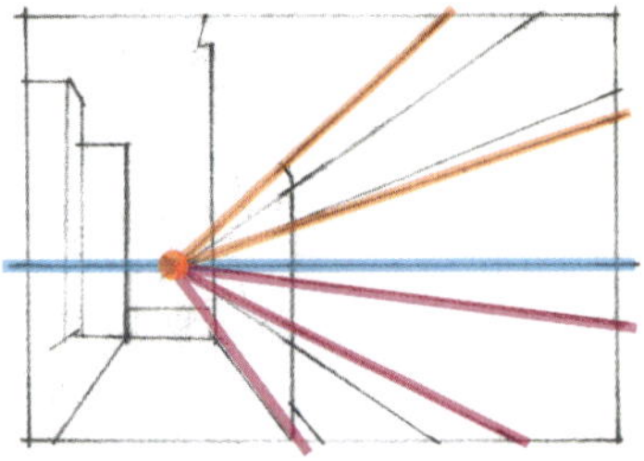

62. Stoßen Sie sich nicht den Kopf!

Die Oberkanten von Türen dürfen in einer Straßenszene nicht nach oben laufen, denn sie liegen über Ihrer Kopfhöhe und folglich über Ihrer Augenhöhe – sie müssen nach unten auf den Fluchtpunkt zulaufen!! Zeichnen Sie zum Vergleich einen Menschen ein!

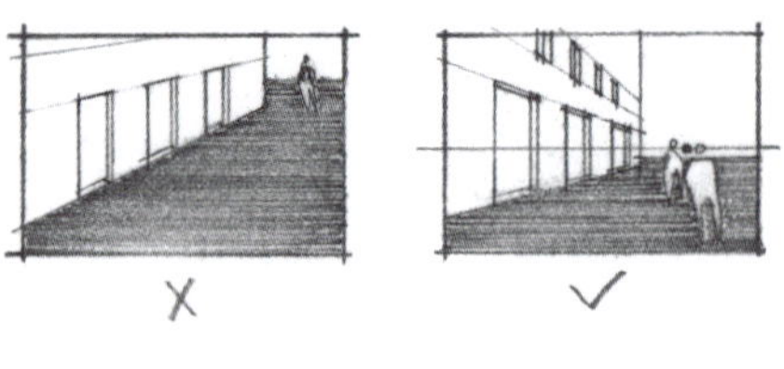

63. Auch bei Rundungen ist die Augenhöhe entscheidend.

Perspektivisch erscheinen runde Formen als Ellipsen. Auf Augenhöhe flachen sich Formen zu einer horizontalen Linie ab.

Wenn Sie in einem runden Raum stehen: Krümmungen über AH laufen nach oben, unter AH nach unten. Wie bei einer Tasse: Öffnung oben: Wasser bleibt drin, Tasse umgedreht: Wasser läuft raus. Stehen Sie außerhalb des runden Raums, ist es umgekehrt!

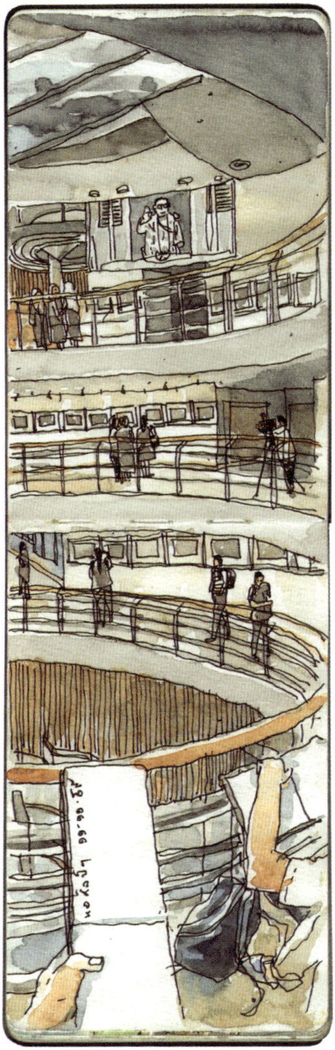

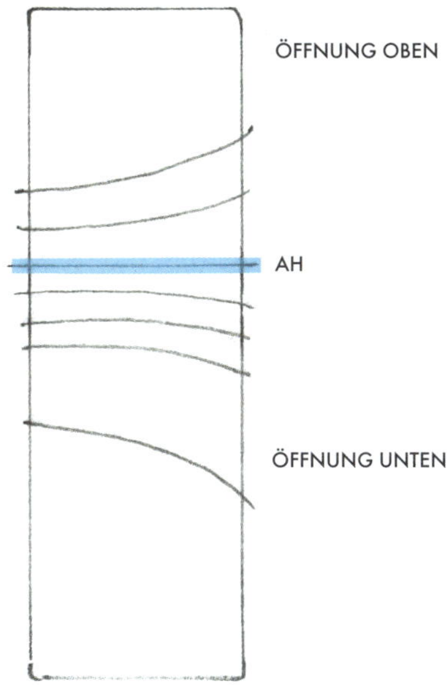

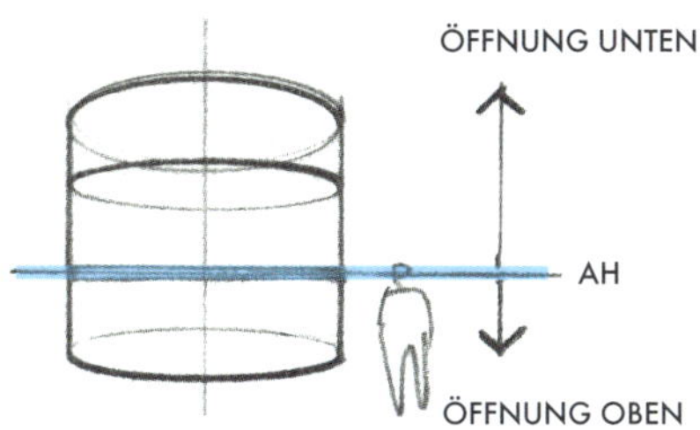

PRAYUT SAE-AUNG, Thailand

Kunst- und Kulturzentrum, Bangkok

40,6 x 12,7 cm; Fineliner Sakura Pigma Micron 0.5 und Aquarellfarben in großem Aquarellbuch Moleskine; ca. 40 Minuten

64. Falls eine Gebäudeseite nach links oder rechts gedreht ist, liegen auch die FP weiter rechts oder links … auf Ihrer AH.

Viele moderne Städte wurden auf einem Raster errichtet, das erleichtert das perspektivische Zeichnen. Aber was ist mit Paris oder Old Delhi? Denken Sie daran, dass parallele Linien im selben FP zusammenlaufen. Das heißt, dass jede Fläche, die aus der Reihe tanzt, einen neuen FP hat!

Wenn eine Wandfläche nach *rechts* gedreht ist, ist der FP auf Ihrer AH nach *rechts* verschoben.
Wenn eine Wandfläche nach *links* gedreht ist, ist der FP auf Ihrer AH nach *links* verschoben.

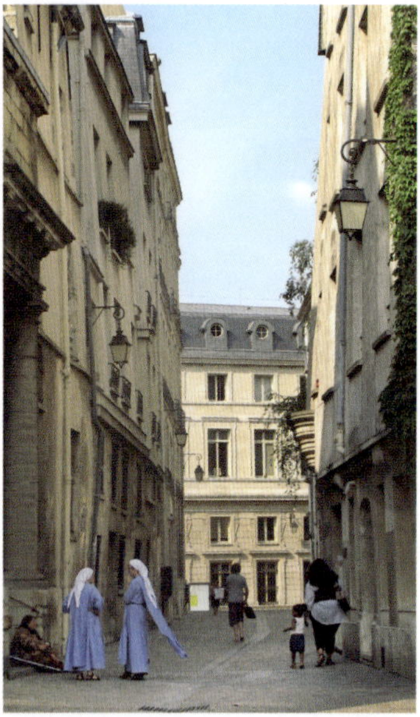

Auf den ersten Blick sehen die beiden Häuserfronten links und rechts der Straße parallel aus.

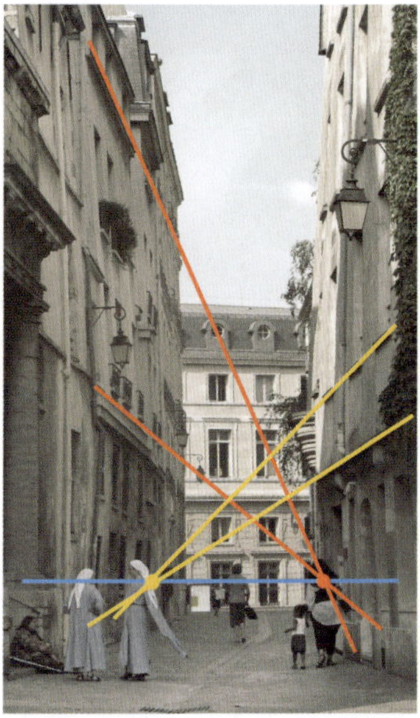

Doch wenn wir die Linien an den Gebäuden verlängern, um die Fluchtpunkte zu finden, stellen wir fest, dass sie es nicht sind.

65. Verlassen Sie sich nicht auf den Boden, um Fluchtpunkte zu finden.

Wenn der Boden auch nur ein bisschen abschüssig ist, katapultiert er Ihren FP sonstwohin! Halten Sie sich lieber an die horizontalen Gebäudelinien. Die Oberkanten der Fenster, dekorative Simse und Dachkanten sind mit großer Wahrscheinlichkeit tatsächlich flache, horizontale Linien, die im FP auf Ihrer AH zusammenlaufen.

66. Wenn eine Fläche nach oben oder unten geneigt ist, wandert auch der entsprechende FP nach oben oder unten.

Eine Treppe, ein schräges Dach, eine Straße, die bergauf führt ... das sind alles Flächen, die nach oben ansteigen oder nach unten abfallen und deren FP jeweils weiter oben oder unten liegt.

Steigt eine Fläche von Ihnen weg nach *oben* an, liegt ihr FP *höher*.
Fällt eine Fläche von Ihnen weg nach *unten* ab, liegt ihr FP *tiefer*.

Der Trick ist, dass diese neuen Fluchtpunkte in aller Regel genau über oder unter dem FP auf Ihrer AH liegen!

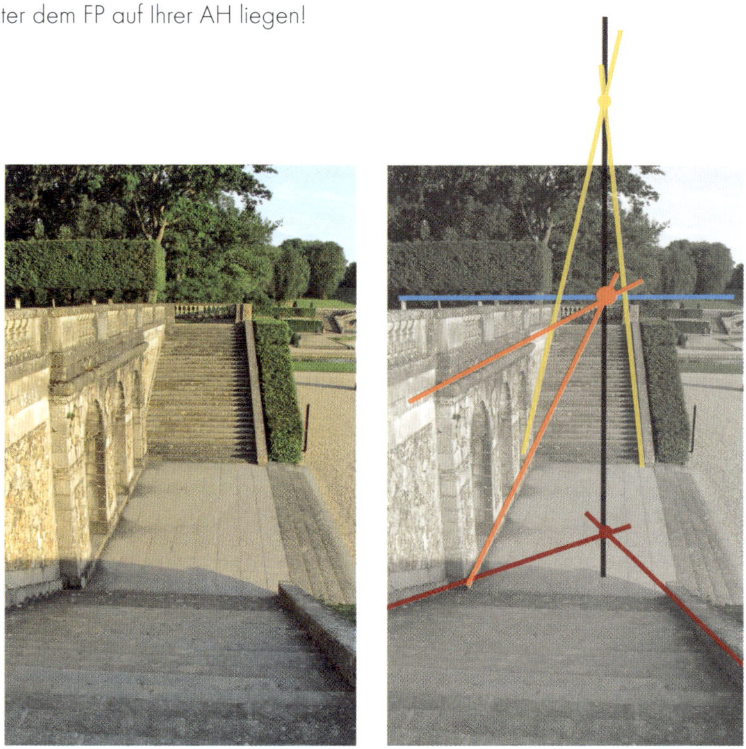

1. Als Erstes bestimmen Sie den Fluchtpunkt auf Ihrer Augenhöhe (orange). 2. Dann ziehen sie eine vertikale Linie durch diesen Punkt (schwarz). 3. Verlängern Sie die Ränder der Treppe, um den Fluchtpunkt im Himmel (gelb) oder quasi unter der Erde (rot) zu finden.

Nach unten abfallende Flächen sind perspektivisch besonders schwer zu erfassen. Machen Sie es sich ein wenig leichter, suchen Sie sich einen Platz, von dem aus Sie eine solche Fläche ansteigend sehen und zeichnen können.

67. Wenn Sie Ihre Zeichnung bevölkern, achten Sie auf Ihre Augenhöhe.

Ihre Augenhöhe ist grundsätzlich der Abstand Ihrer Augen zum Boden. Je nachdem, wie hoch Sie stehen, sehen Sie andere Menschen unter sich (Vogelperspektive), über sich (Froschperspektive) oder auf Ihrer Augenhöhe (Normalperspektive).

Vogelperspektive

Zeichnen Sie aus der Vogelperspektive, befinden sich die Köpfe anderer Menschen unter Ihrer AH. Die Gestalten, die Ihnen am nächsten sind, sind am weitesten unten auf dem Blatt und am größten, die Menschen in der Ferne sind kleiner, ihre Köpfe befinden sich auf dem Blatt weiter oben, näher an Ihrer AH.

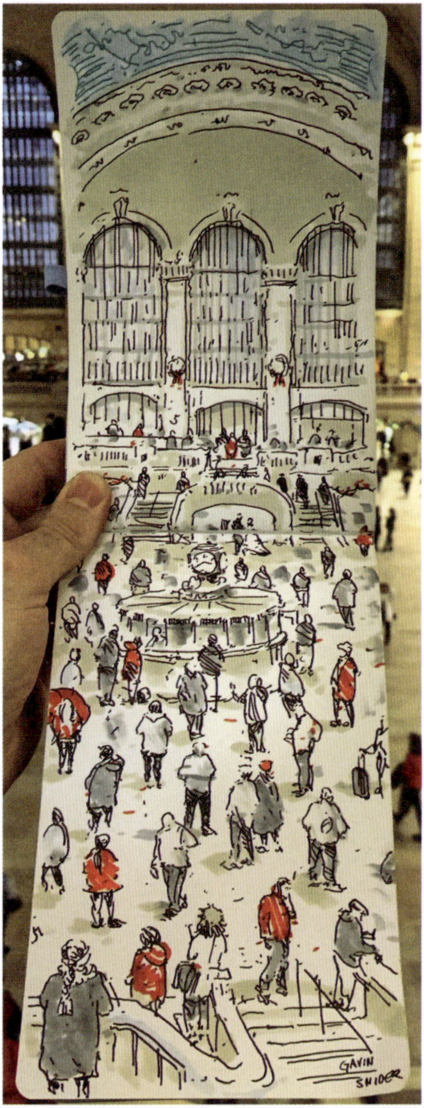

➲ GAVIN SNIDER, USA

Grand Central Terminal, New York, eine Woche vor Weihnachten

43,2 x 13,2 cm; Kugelschreiber, Permanentmarker Sharpie, Marker Ad Chartpak im Skizzenbuch (The Shape of Ideas von Grant Snider) meines Zwillingsbruders; 1,5 Stunden

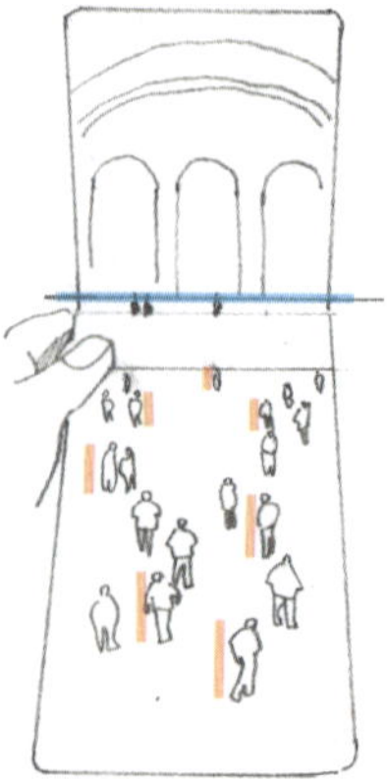

Normalperspektive

In der Normalperspektive sind alle Köpfe auf Ihrer Augenhöhe, egal, ob die Menschen in Ihrem Blickfeld in Ihrer Nähe sind oder weiter weg.

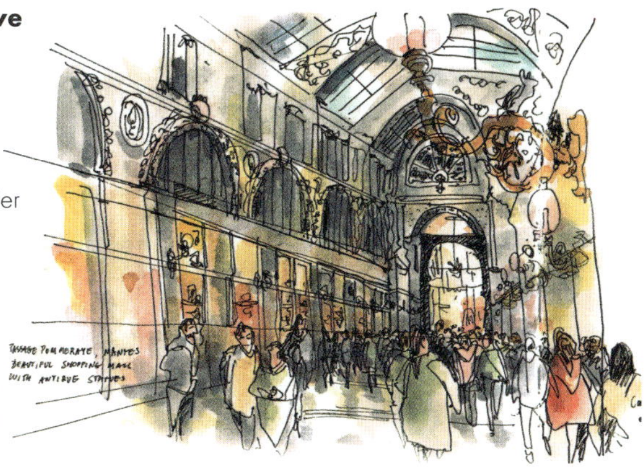

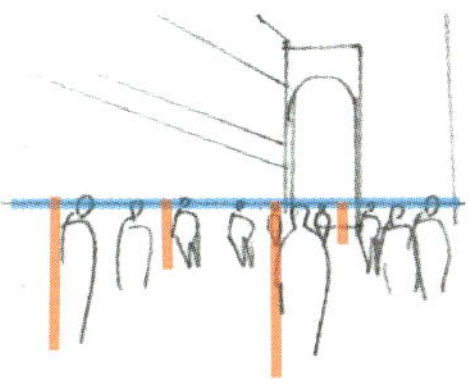

RITA SABLER, USA

Oster-Shopping in der Passage Pommeraye, Nantes

16,5 x 30,5 cm; Fineliner und Aquarellfarben; 35 Minuten

Froschperspektive

Wenn Ihre Augenhöhe tiefer liegt als die aller anderen, z. B. weil Sie sitzen, erscheinen die Köpfe der Menschen in Ihrer Nähe am weitesten über Ihrer Augenhöhe. Die Köpfe der Figuren in der Ferne liegen auch über Ihrer Augenhöhe, aber dennoch tiefer.

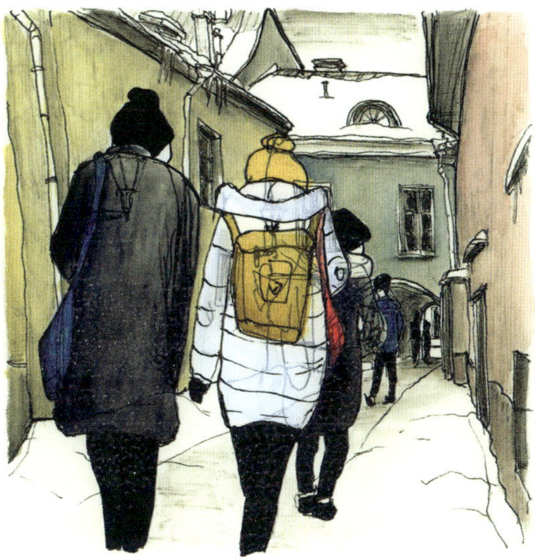

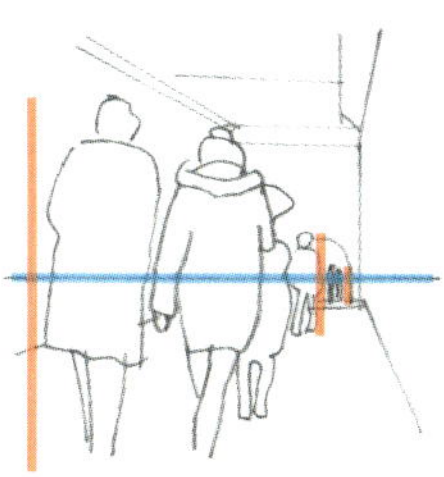

ANNA WILSON, Australien

Auf dem Heimweg, Tallinn

16 x 17 cm; Füller und Tinte, Aquarellfarben, Gouache und Buntstifte auf satiniertem Aquarellpapier Saunders; ca. 1 Stunde

68. Ihre Augenhöhe ist wahrscheinlich tiefer, als Sie denken.

Das Gehirn kann uns ganz schön austricksen! Es vermischt das, was wir tatsächlich sehen, mit dem, was wir mit allen Sinnen erfassen. Weil wir oft ein wenig nach oben schauen, setzen wir z. B. den Fluchtpunkt gern ein wenig zu hoch an.

Dann »schwebt« die Zeichnung, denn wenn Sie den Fluchtpunkt zu hoch platzieren, heben Sie im Grunde Ihre Augenhöhe an. Sie breiten die Flügel aus und schweben über dem Boden! Wenn Sie hohe Gebäude oder Räume zeichnen, sind Ihre AH und Ihr FP vermutlich sehr nah am Boden, auf dem die Gebäude stehen. Wahrscheinlich tiefer, als Sie denken!

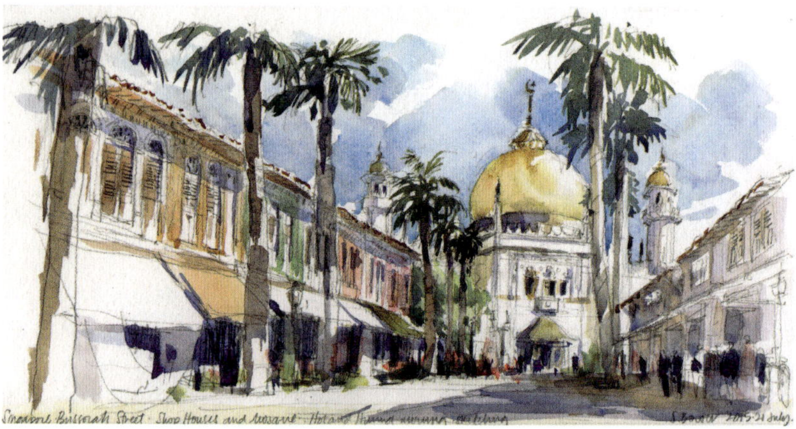

Hier habe ich auf dem Boden gesessen, also ist die Augenhöhe sehr tief unten auf der Seite. Sehen Sie sich die fast flachen, horizontalen Linien an, wo die Gebäude auf den Boden treffen.

STEPHANIE BOWER, USA

Bussorah Street, Singapur

20,3 x 40,6 cm; Drehbleistift und Aquarellfarben auf Aquarellblock Fluid; 1 Stunde

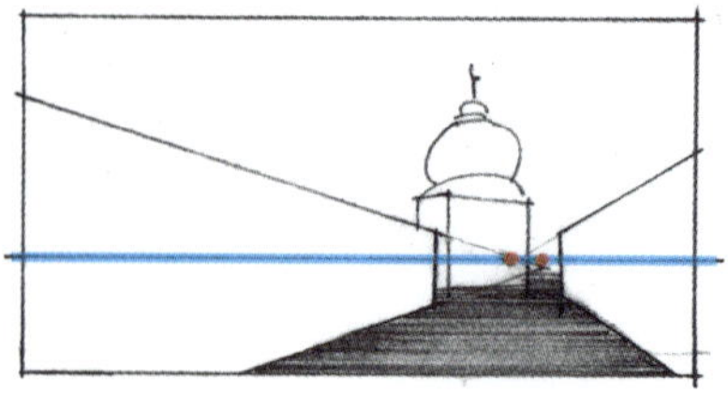

Die Augenhöhe ist zu hoch – Sie schweben! Wir sehen zu viel vom Boden.

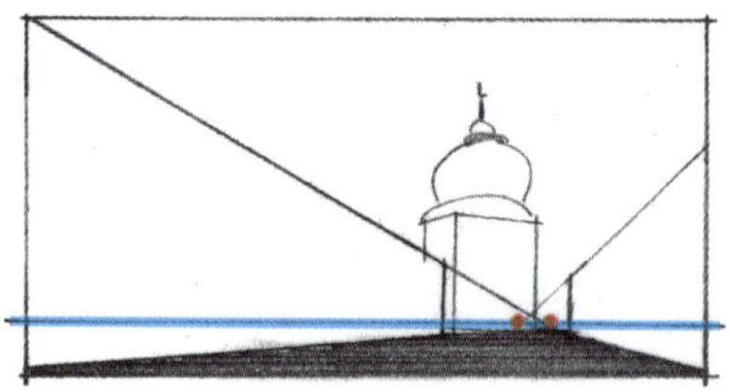

Die Augenhöhe ist schön dicht am Boden, genau wie Sie!

69. Arbeiten Sie mit dem »1,5-Meter-Lineal«.

Auf Basis der durchschnittlichen AH von 1,5 Metern können Sie mit dem »1,5-Meter-Lineal« Elemente akkurat proportionieren. Ziehen Sie von einem beliebigen Punkt auf dem Boden irgendwo in Ihrer Zeichnung eine Linie senkrecht hoch zu Ihrer Augenhöhe. Voilà, ein perspektivisch korrekt gezeichnetes 1,5-Meter-Lineal!

Wenn Sie einen Tisch zeichnen wollen, der 90 cm hoch ist, unterteilen Sie Ihr 1,5 Meter-Lineal nach Augenmaß in fünf etwa gleiche Teile. Jeder Abschnitt ist perspektivisch gesehen ca. 30 cm hoch. Zählen Sie drei ab, und Sie haben die 90 cm für Ihren Tisch!

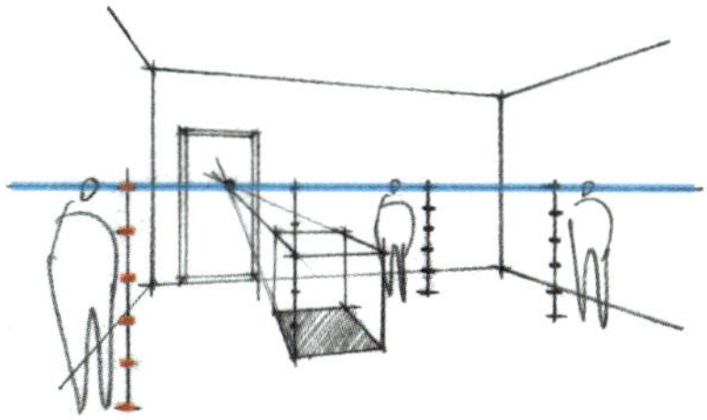

70. Fangen Sie bei Möbeln mit dem »Fußabdruck« an und zeichnen Sie eine Kiste.

Möbel korrekt zu zeichnen ist knifflig, aber wichtig, weil sie uns viel über Proportionen verraten. Es wird leichter, wenn Sie transparente Kisten zeichnen. Fangen Sie mit dem »Fußabdruck« an, zeichnen Sie eine Kiste und formen daraus das Möbelstück. Verwenden Sie das »1,5-Meter-Lineal« zur Bestimmung der perspektivisch richtigen Höhe.

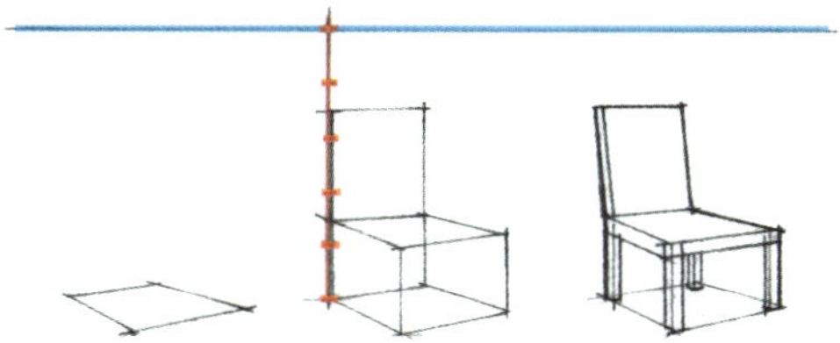

STEPHANIE BOWER, USA

Bei Bori zu Hause in PA

20,3 x 40,6 cm; Drehbleistift und Aquarellfarben auf Aquarellblock Fluid; 1 Stunde

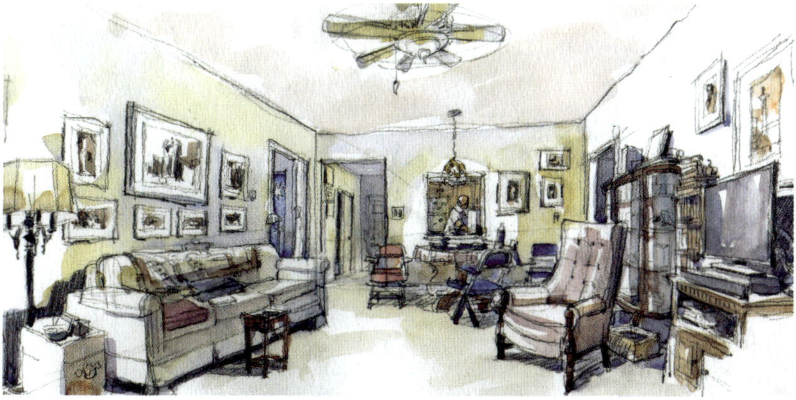

ST. MARY-LE-STRAND

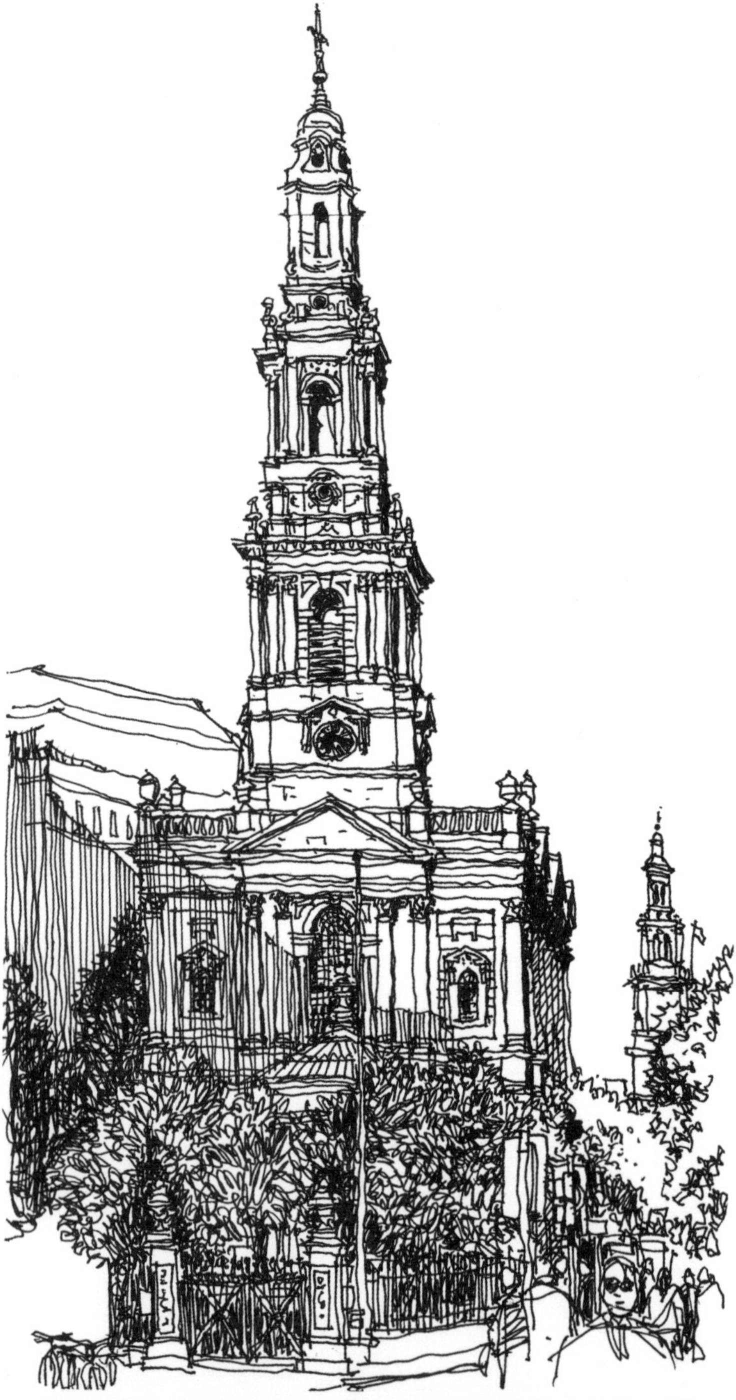

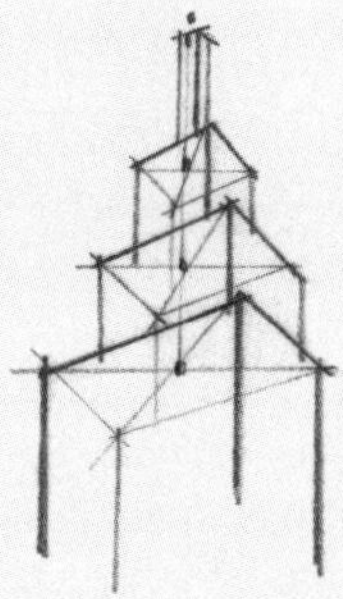

SCHLÜSSEL VII
TÜRME SIND WIE HOCHZEITSTORTEN (UND ANDERE AHA-ERLEBNISSE)

Komplizierte Formen wie Türme, Kuppeln oder Treppen zu zeichnen ist eine echte Herausforderung, es sei denn, wir betrachten sie in einem vollkommen neuen Licht! Wenn wir komplizierte Formen in Beziehung zu einfachen Alltagsdingen setzen, vereinfacht das den Zeichenprozess erheblich.

⊂ RICHARD HIND, Großbritannien

St. Mary le Strand, London

26 x 13 cm; Tintenroller Uni-Ball Eye Micro mit wasserfester Tinte auf Doppelseite eines A5-Skizzenbuches Moleskine; 40 Minuten

• 71. Zeichnen Sie Bögen mit Hilfe von Kreisen und Ellipsen.

Bögen sind definitiv nicht geformt wie Hufeisen! Bögen sind traditionelle Bauelemente, die der Überbrückung einer Öffnung im Mauerwerk dienen. Damit sie nicht einbrechen, besitzen sie folgende Eigenschaften:

Bögen sind symmetrisch um eine Mittelachse. Ziehen Sie in Ihrer Zeichnung eine zarte Mittellinie als Referenzlinie.

Die horizontale Kämpferlinie markiert die Stellen, wo der Bogen beginnt (oft besonders verziert).

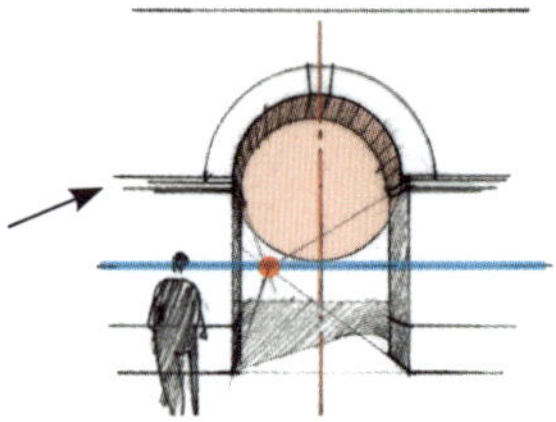

Ziehen Sie unterhalb der Kämpferlinie gerade Linien nach unten!

Der runde Teil ist in der Regel eine Variation des Kreisthemas. Zeichnen Sie mit einer zarten Linie den ganzen Kreis oder die ganze Ellipse.

Verbinden Sie den Bogen unten durch einen dunklen Schatten mit dem Boden.

Vergessen Sie die Dicke der Wand und der Unterseite der Krümmung nicht.

STEPHANIE BOWER, USA

Chiesa di San Donato,
Civita di Bagnoregio, Italien

17,8 x 50,8 cm; Bleistift und Aquarellfarben in Skizzenbuch Aqua Journal Pentalic; ca. 1 Stunde

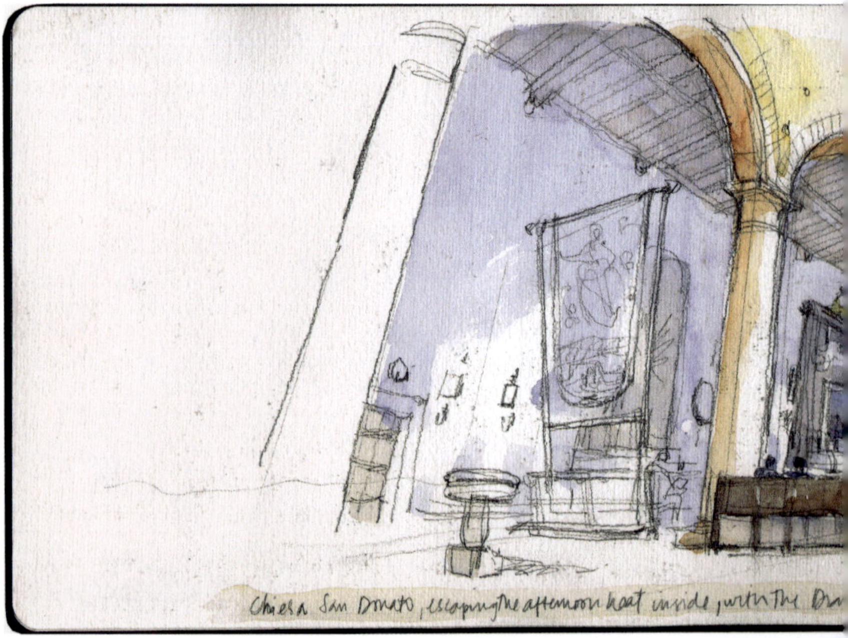

Um die Form der Ellipse zu überprüfen, drehen Sie das Blatt zur Seite oder auf den Kopf.

Die Kreisform ist, wenn man schräg darauf blickt oder bei einer Zweipunkt-Perspektive zu einer Ellipse abgeflacht. Zeichnen Sie, um den Bogen akkurater darzustellen, die ganze Ellipse.

Zart gesetzte Hilfslinien (hellblau) an der Kämpferlinie und an der Oberkante und Unterkante der Ellipsen helfen Ihnen, die Formen perspektivisch korrekt auszurichten.

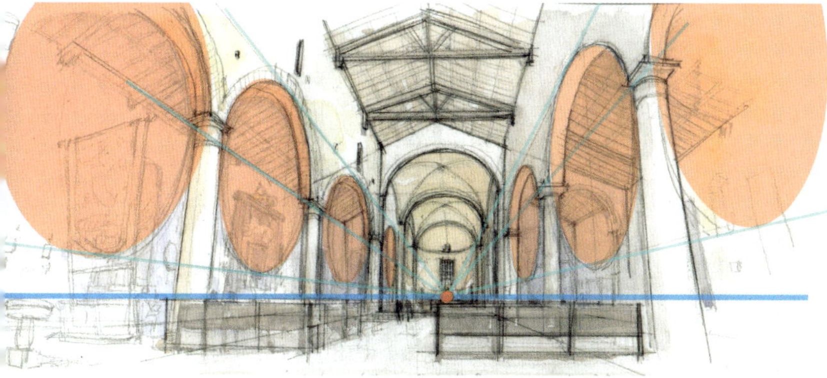

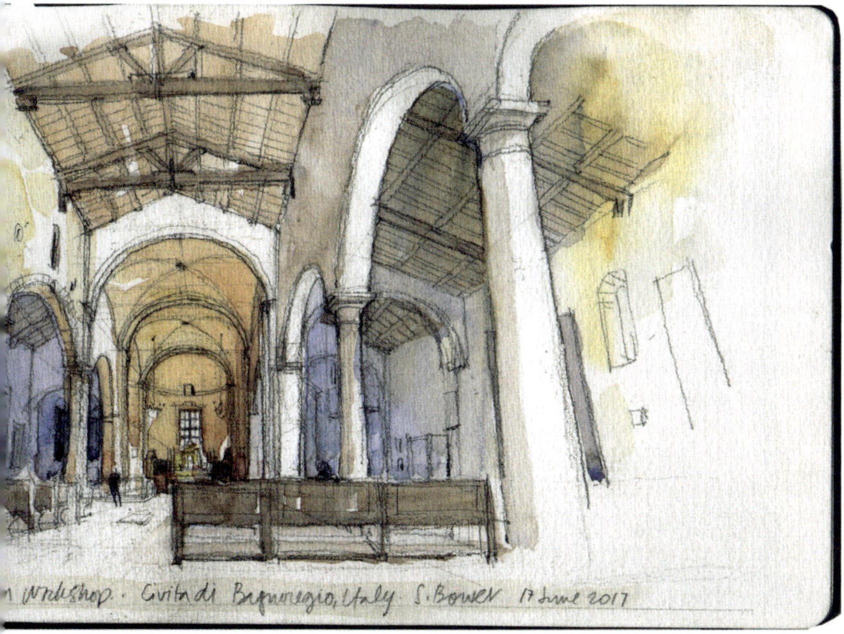

● 72. Kuppeln sind rund. Lampenschirme ebenfalls.

Es mag eine Binsenweisheit sein, aber eine runde Form wie eine Kuppel so zu zeichnen, dass sie auch rund aussieht, ist schwierig! Haben Sie je Zeichnungen gesehen, bei denen der Rand der Kuppel so aussieht, als hätte er eine spitze Ecke?

Um diese Form korrekt zu zeichnen, sollte man sich eine Kuppel als einen Stapel von Ellipsen vorstellen, die durch eine gemeinsame Mittelachse verbunden sind. Je näher die Ellipsen Ihrer Augenhöhe sind, desto flacher erscheinen sie. Zeichnen Sie diese Formen zuerst mit zarten Konstruktionslinien, als wären sie transparent. Fangen Sie mit einer Ellipse an, setzen Sie die Mittellinie und zeichnen Sie dann alle Ellipsen um diese Achse herum.

Wenn Sie die Mittellinie einzeichnen, lassen sich die Ellipsen leichter ausrichten und der Kuppelaufsatz korrekt platzieren.

Ellipsen erscheinen flacher, je näher sie Ihrer Augenhöhe sind (blau).

Vertikale Linien rücken allmählich näher zusammen, wenn die Form sich zu den Rändern hin rundet.

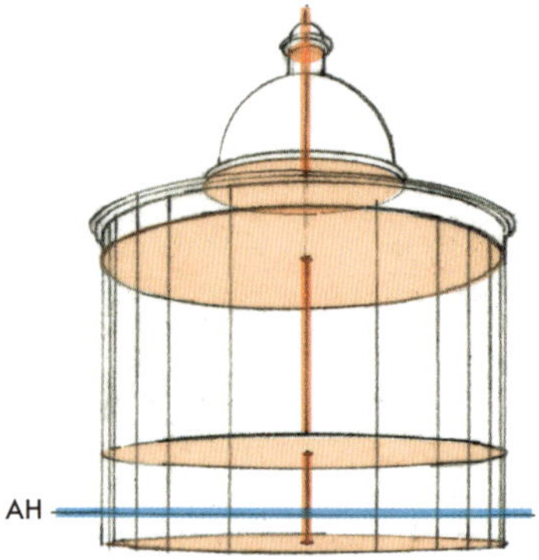

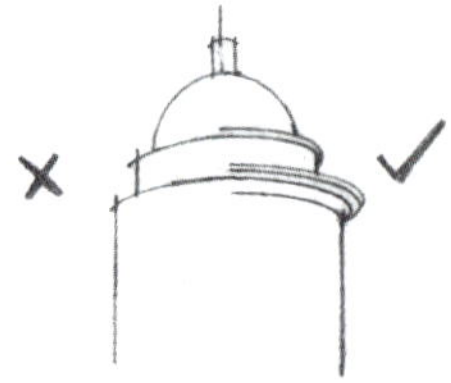

Achten Sie auf ein sanft gerundetes Profil. Diese Kante sollte nicht als spitze Ecke erscheinen.

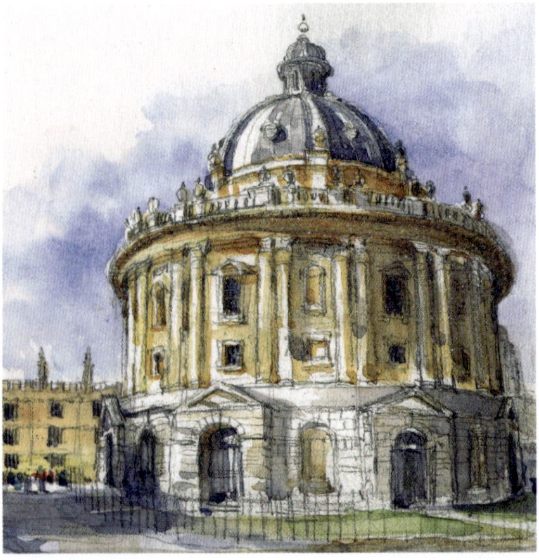

◖ STEPHANIE BOWER, USA

Radcliffe Camera, Oxford

17,8 x 50,8 cm; Bleistift und Aquarellfarben in Skizzenbuch Aqua Journal Pentalic; 1,5 Stunden

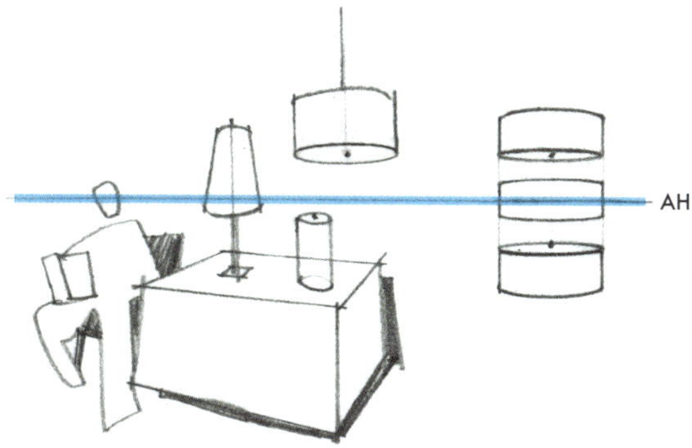

Achten Sie auf die Beziehung zwischen der Augenhöhe (blau) und den Lampenschirmen. Über Augenhöhe können Sie von unten in den Lampenschirm hineinschauen. Unter Augenhöhe blicken Sie darauf hinab, doch auf Augenhöhe sehen Sie sowohl eine nach oben gerundete Ellipse (Öffnung der Tasse nach unten) an der Oberkante als auch eine nach unten gerundete Ellipse (Öffnung nach oben) an der Unterkante des Lampenschirms.

● 73. Kreuzgewölbe

Falls Sie in Kirchen aus dem Mittelalter oder der Renaissance zeichnen oder in anderen Räumen mit vielen Bögen, werden Sie irgendwann auf ein Kreuzgewölbe stoßen. Eine solche Gewölbedecke besteht aus zwei Bögen, die sich diagonal kreuzen und ein X bilden. Wenn Sie das im Hinterkopf haben, zeichnet sie sich leichter.

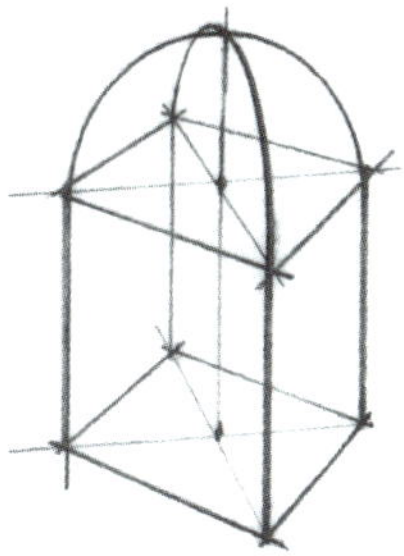

Ziehen sie eine gekrümmte Linie von einer Ecke zu der diagonal gegenüberliegenden Ecke. Wiederholen Sie das bei den anderen beiden Ecken, um ein X zu erhalten. Die diagonalen Bögen überschneiden sich auf der Mittelachse.

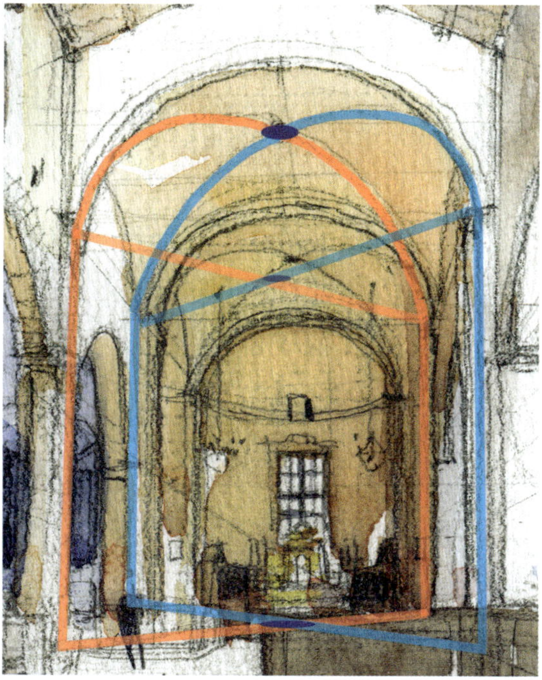

● 74. Treppen sind wie Käseecken.

Treppen zeichnen sich leichter, wenn Sie das Zickzack der Tritt- und Setzstufen zunächst ignorieren und sich eine Treppe als auf der Seite liegende Käseecke oder Kuchenstück vorstellen. Und so funktioniert es perspektivisch:

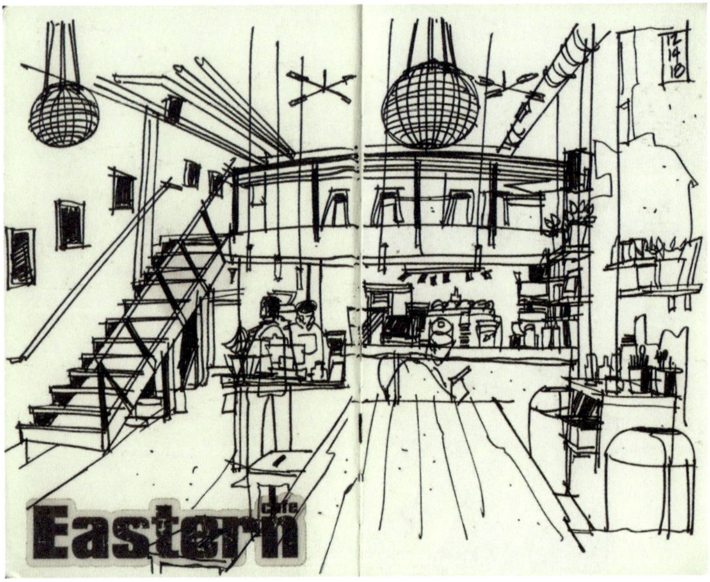

1. Bestimmen Sie den Fluchtpunkt (orange) auf Augenhöhe (blau).
2. Da die Treppe nach oben von Ihnen weg ansteigt, ist der FP für die Treppe ebenfalls nach oben verschoben, genau über dem FP auf Ihrer Augenhöhe.
3. Ziehen Sie eine zarte vertikale Linie (grau) durch den FP auf Ihrer Augenhöhe.
4. Mit dem Bleistift verlängern Sie eine Kante der Treppe (orange), um zu sehen, wo sich die Verlängerung mit der vertikalen Linie schneidet. Dies ist Ihr FP für die Treppenschräge!
5. Sobald die »Käseecke« perspektivisch korrekt gezeichnet ist, zeichnen Sie rasch mit doppelten Linien die Stufen und dann kurze vertikale Linien für die Kanten der Setzstufen.

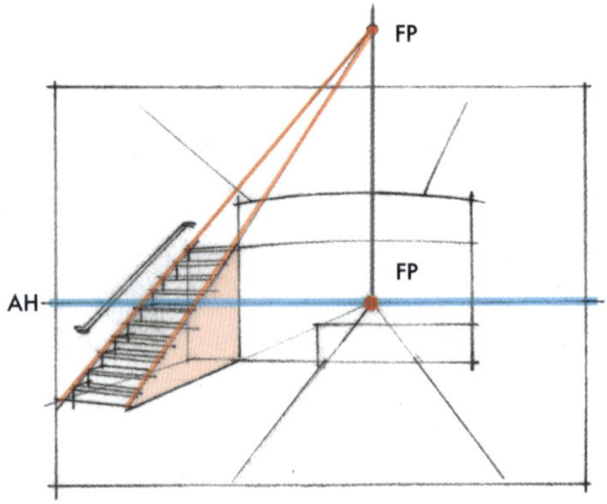

ANDIKA MURANDI, USA

Eastern Cafe, Seattle

20,3 x 25,4 cm; Füller und Tinte in Skizzenbuch Moleskine; ca. 20 Minuten

● 75. Nutzen Sie den Fluchtpunkt, um eine Dachschräge zu zeichnen.

Stellen Sie sich ein Dach mit Ziegeln oder Stehfalzdeckung vor. Genau wie eine schräge Treppe hat auch diese schräge Dachfläche einen Fluchtpunkt. Und weil das Dach nach oben und von Ihnen weg ansteigt, liegt der FP ebenfalls oben ... aber wo? Natürlich direkt über dem FP auf Ihrer AH! So zeichnen Sie das Dach:

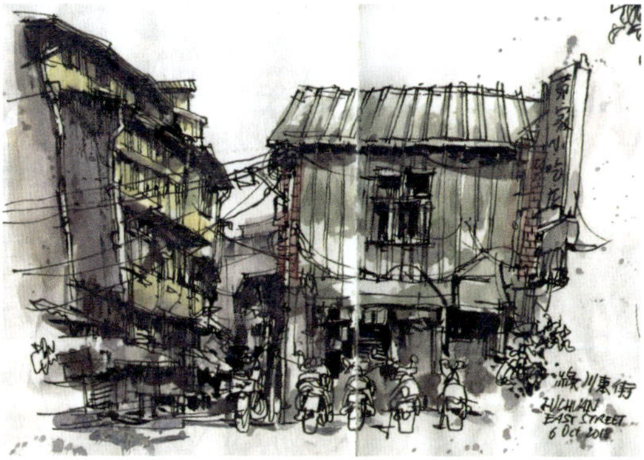

➲ DON LOW, Singapur

Lu Chuan East Street, Taichung, Taiwan

21 x 30 cm; Tusche und Aquarellfarben; 30 Minuten

1. Finden Sie den Fluchtpunkt auf Ihrer Augenhöhe (orange).
2. Ziehen Sie eine zarte vertikale Linie von diesem FP nach oben (orange).
3. Die Falzlinie auf dem Dach direkt über dem FP erscheint als vollkommen vertikale Linie (orange). Zeichnen Sie diese zuerst.
4. Die Dachlinien links dieser Linie sind nach rechts geneigt, die Linien auf der anderen Seite nach links. Je weiter die Linien von der Vertikalen entfernt sind, desto schräger erscheinen sie in Ihrer Zeichnung.

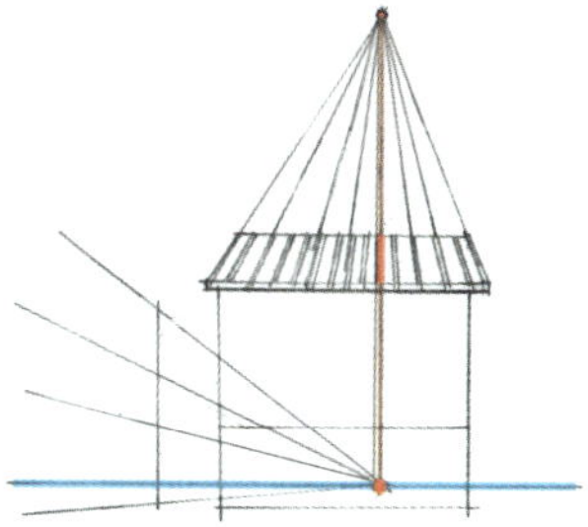

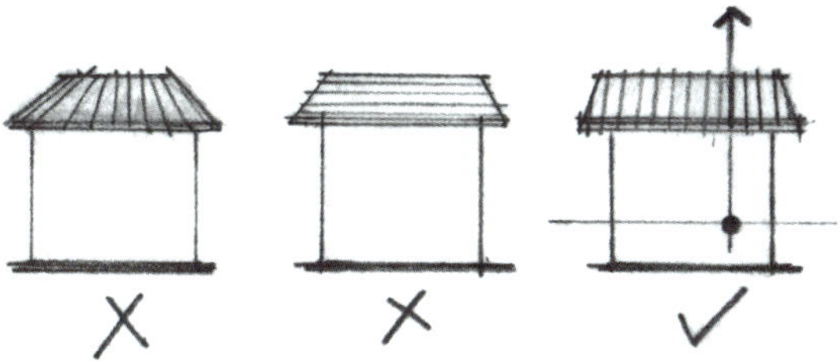

Egal, aus welchem Material das Dach ist, es ist sinnvoll, Linien in Richtung der Schräge zu ziehen.

76. Türme sind wie Hochzeitstorten

Stellen Sie sich eine Hochzeitstorte vor. Wenn eine Etage nicht ganz in der Mitte ist, bricht der Kuchen womöglich zusammen. Eine Katastrophe! Das gilt auch für Türme.

Kuchen und Türme bestehen aus aufeinandergestapelten runden (oder rechteckigen) Kisten, die nach oben hin immer kleiner werden. Um in Ihrer Zeichnung den Eindruck drohender Gefahr zu vermeiden, müssen Sie wissen, wo die Mittelachse des Turms ist, die vertikale Linie, die sämtliche Etagen mit dem Punkt an der Spitze verbindet und für Gleichgewicht sorgt.

Um sich die gestapelten Kisten vorzustellen, zeichnen Sie sie als transparente Drahtgitterformen. Die Fluchtpunkte müssen alle auf Ihrer Augenhöhe liegen.

Erinnern Sie sich an Schulgeometrie? Bestimmten Sie mittels Diagonalen die Mitte der Kisten und ziehen Sie von dort eine vertikale Linie nach oben (orange). Alle Etagen haben ihre Mitte auf dieser Linie. Sie zeigt Ihnen auch die korrekte Position der Turmspitze an.

Vergessen Sie nicht, dass jede Lage gegenüber der darunterliegenden ein Stück nach hinten versetzt ist.

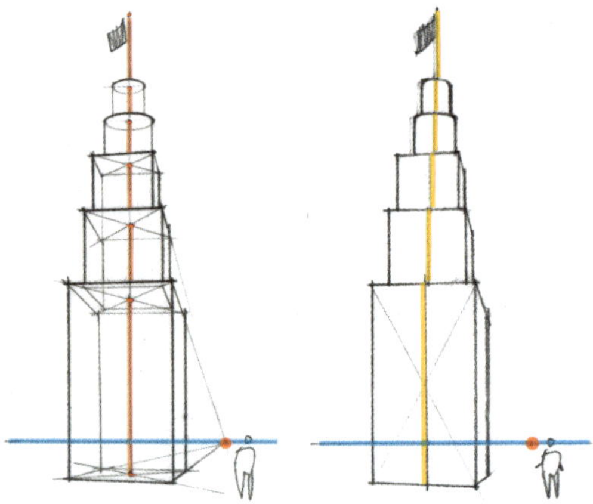

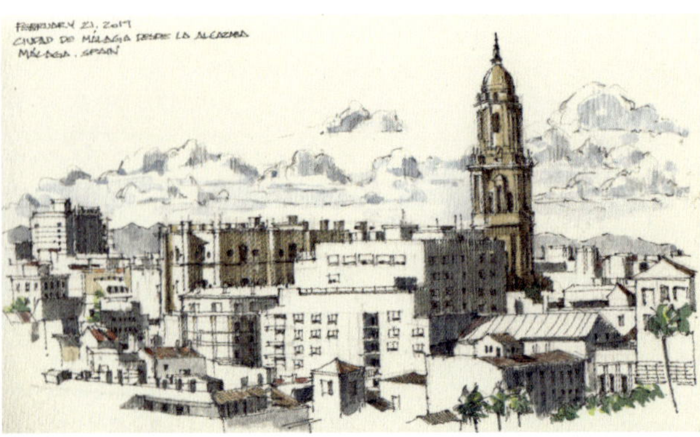

© JOSIAH HANCHETT, USA

Málaga von der Alcazaba

12.7 x 21 cm; Fineliner und Aquarellfarben; 2 Stunden

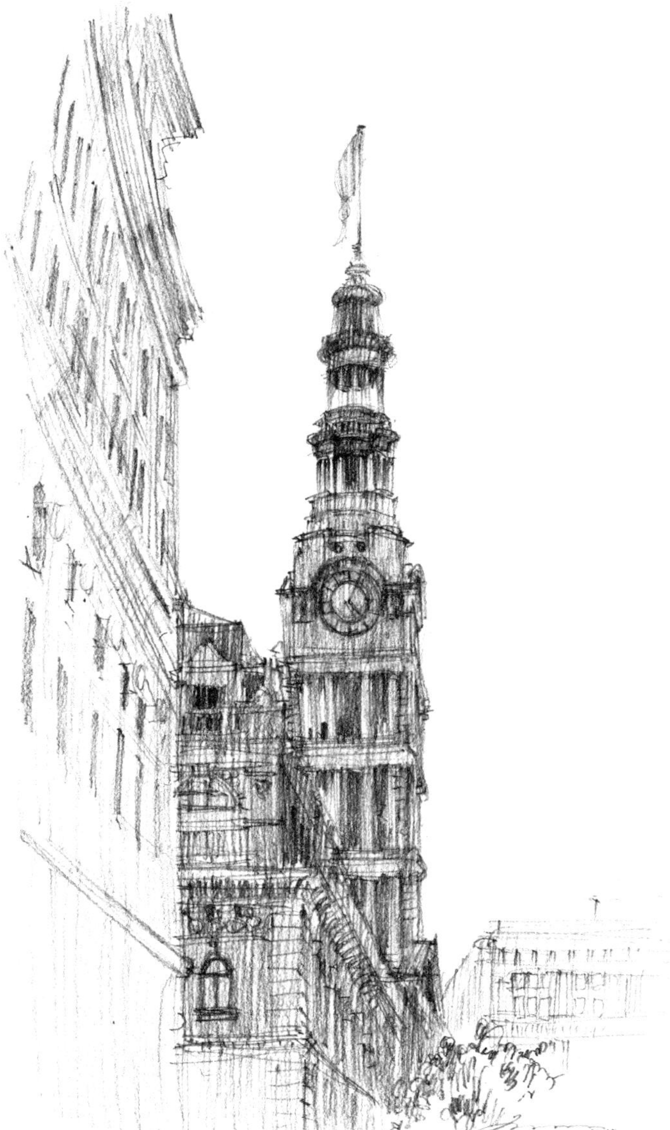

STEPHEN TRAVERS, Australien

Turm des General Post Office, Sydney

27 x 16 cm; Bleistift 2B und Skizzenbuch; ca. 30 Minuten

Der Turm in Stephens zarter Zeichnung sieht sehr stabil aus. Die Kisten sind um eine gemeinsame Mittellinie gestapelt, die auch die Ellipsen und den Fahnenmast ganz oben verbindet.

● 77. Autos sind auch nur gestapelte Kisten.

Auch dieses komplexe Gebilde brechen wir auf simple Formen herunter. Ein Auto ist nicht mehr als zwei übereinandergestapelte rechteckige Kisten. Zeichnen Sie mit Hilfe der Fluchtpunkte diese Formen, dann arbeiten Sie die Gestalt des Autos heraus. Fügen Sie Ellipsen als Reifen hinzu, und legen Sie immer einen sehr dunklen, flachen Schatten darunter, der das Auto mit dem Boden verbindet.

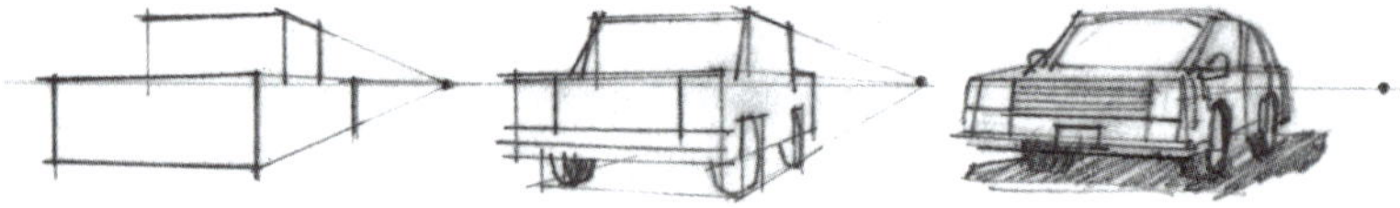

● 78. Bäume sind wie Schirme.

Damit Sie keinen cartoonartigen Lutscher-Baum zeichnen, stellen Sie sich einen Baum als Schirm vor. Er hat ein gewölbtes Dach, auf das von einer Seite Licht fällt, ein unregelmäßiges Profil und einen dunklen Stamm. Mit einem Schatten wird er am Boden verankert.

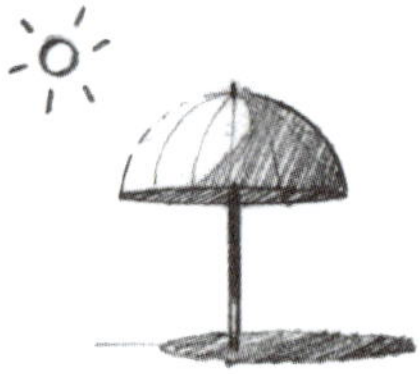

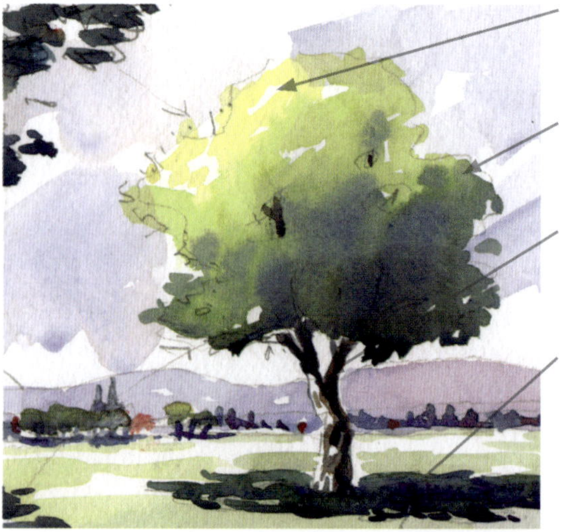

Die sonnige Seite des Schirms ist heller, Rückseite und Unterseite sind dunkler und schattiger.

Die unregelmäßige, durchbrochene Randlinie deutete natürliches Laub an.

Zeichnen Sie den Stamm mit unregelmäßigen, unterbrochenen Linien, dunkel, asymmetrisch, schief oder krumm.

Verbinden Sie den Baum mit einem dunklen, flachen Schatten in Form einer Ellipse mit unregelmäßigen Rändern mit dem Boden.

● 79. Wie weit ist der Baum entfernt?

Unterteilen Sie Bäume beim Zeichnen in drei verschiedene Zonen. Bei den Bäumen in der Nähe erkennen wir einzelne Blätter und Zweige. In mittlerer Entfernung erfassen wir die Form des Baums und den Stamm, das Laub nehmen wir als Flächen wahr. Und in der Ferne sehen wir nur noch Massen von Bäumen und keine Details mehr.

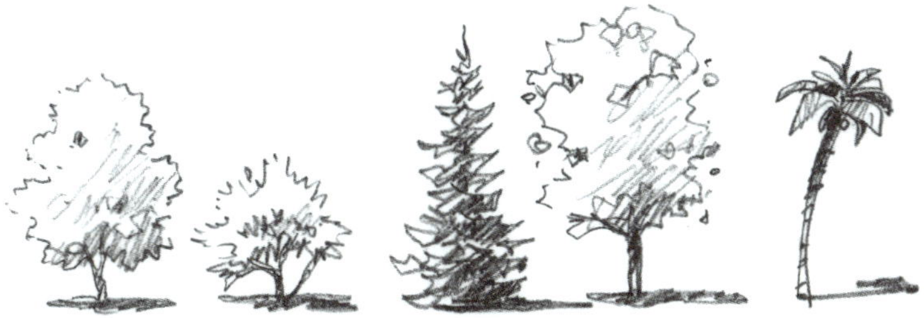

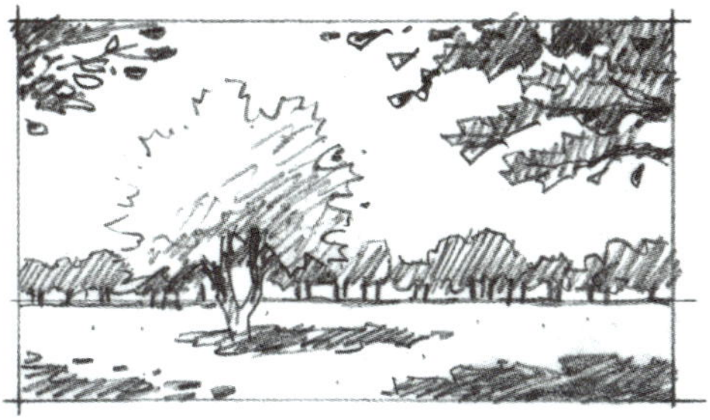

Bäume sind nicht flach! Zeichnen Sie einige Äste, die nach vorn und nach hinten ragen.

SHARI BLAUKOPF, Kanada

Macdonald Farm

38 x 56 cm; Bleistift und Aquarellfarben; 1,5 Stunden

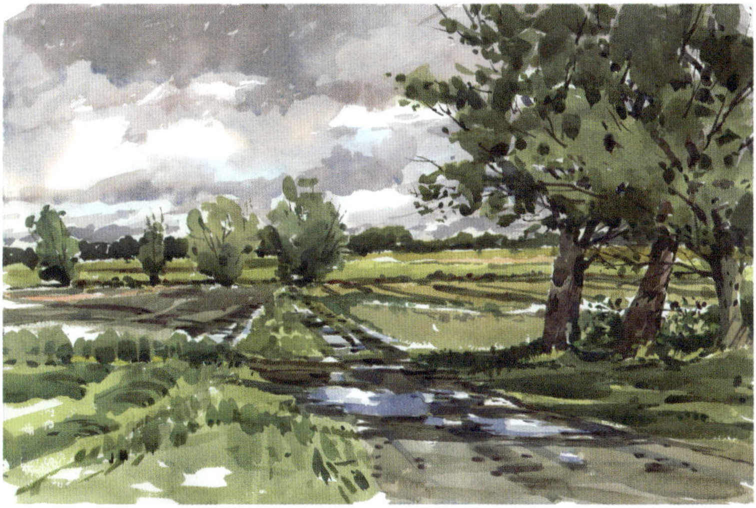

80. Zeichnen Sie Menschen, um eine Geschichte zu erzählen.

Zeichnungen von Menschen vermitteln Aktivität und Leben. Mit ihnen lässt sich wunderbar etwas über das Alltagsleben, einen Ort oder ein Ereignis erzählen.

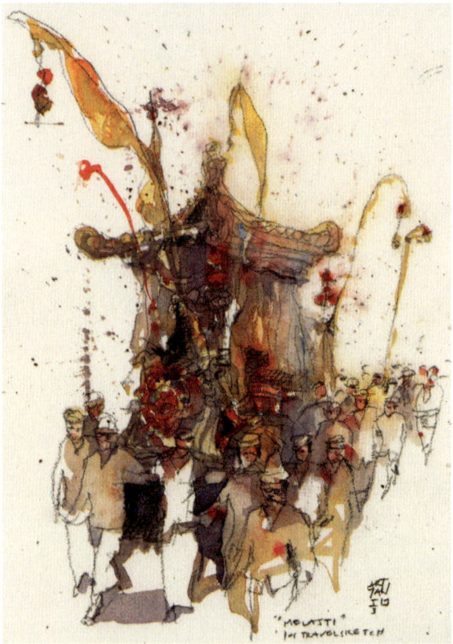

ARTYAN TRIHANDONO, Indonesien

Melasti Parade in Seminyak

30,5 x 45,5 cm; Bleistift Conte und Aquarellfarben auf Papier; 1,5 Stunden

In Artyans expressiver Zeichnung spüren wir die Geschäftigkeit, die Farben und die Bewegtheit dieses Festes. Es gibt unendlich viele Möglichkeiten, Menschen zu zeichnen!

ROB SKETCHERMAN, Hongkong

Leben auf Hongkong Island

6000 x 3375 Pixel; iPad Pro, Apple Pencil, Procreate (App); 3,5 Stunden

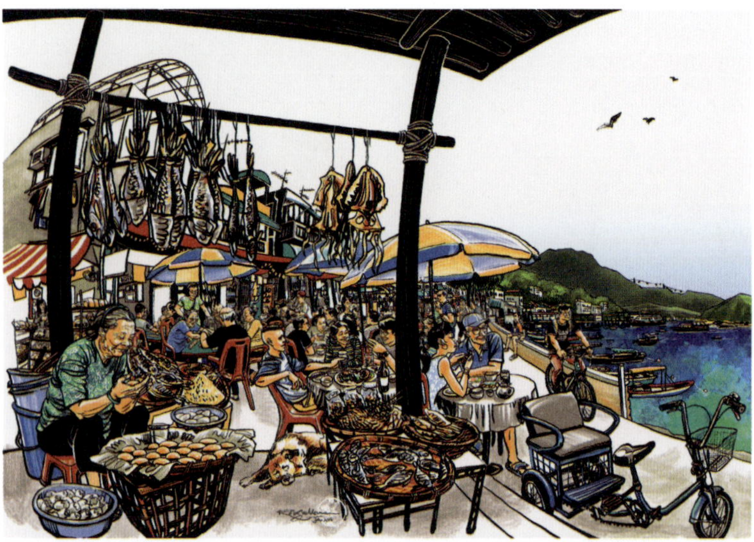

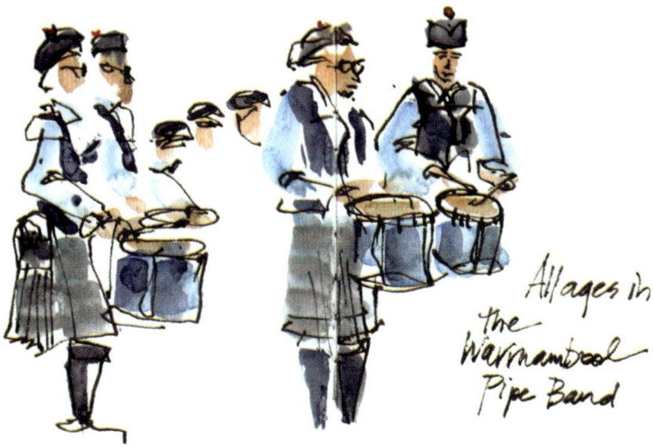

➲ **ANGELA WILLIAMS, Australien**

Warrnambool Dudelsackkapelle beim Port Fairy Folk Festival

21 x 26 cm; Stift, Aquarellfarben in Skizzenbuch Moleskine; 7 Minuten

● 81. Fügen Sie Menschen als Maßstab hinzu.

Sobald Sie einen Menschen in Ihr Bild zeichnen, begreifen Sie, wie groß oder klein Dinge sind.

Maßstabsfiguren lassen sich recht simpel mit wenigen Strichen in eine Zeichnung setzen. Zeichnen Sie einen rechteckigen Rumpf, einen kleinen ovalen oder eierförmigen Kopf, der über den Schultern schwebt, und ein Bein kürzer als das andere, dann sieht die Figur aus, als würde sie gehen. Angedeutete Kleidung, Haare oder eine Tasche verleihen Persönlichkeit.

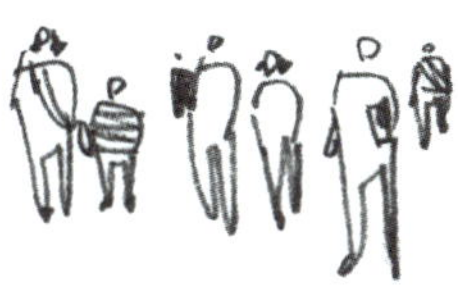

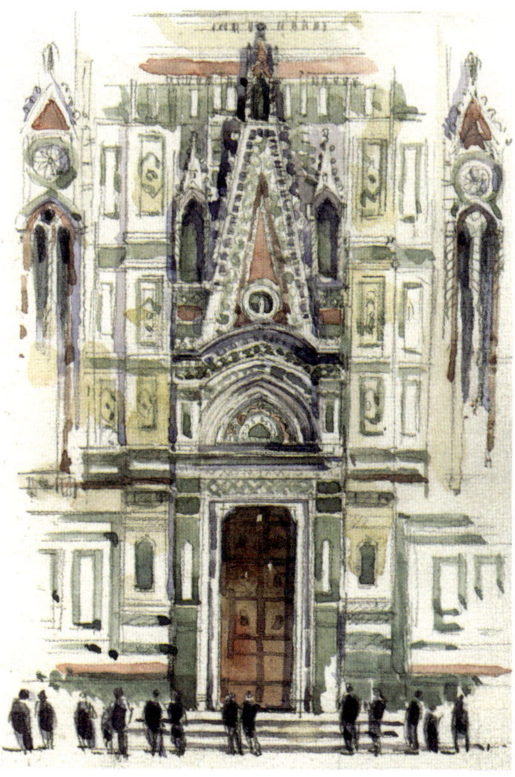

➲ **STEPHANIE BOWER, USA**

Seitentür am Dom, Florenz

17,8 x 25,4 cm; Drehbleistift und Aquarellfarben in Skizzenbuch Aqua Journal Pentalic; 1 Stunde

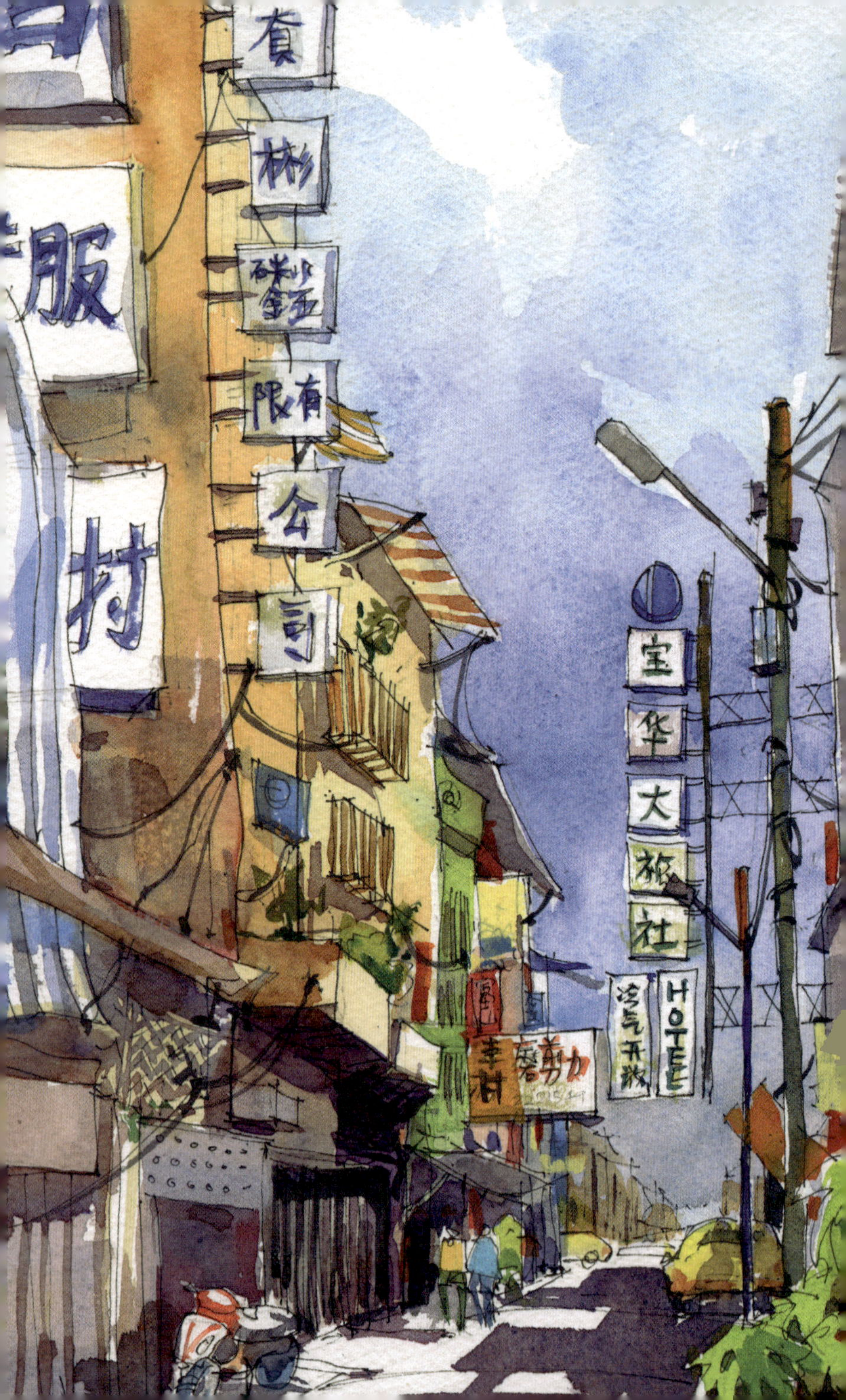
服
村
宝华大旅社

SCHLÜSSEL VIII
KOMM REIN, DAS WASSER IST SCHÖN

Aquarell macht Spaß. Aquarell ist furchteinflößend.

Aquarellfarben sind das ideale Medium, um vor Ort zu malen. Sie sind transportabel, trocknen rasch, und es gibt sie in vielen satten Farben. Gleichwohl sind sie wegen der vielen Unwägbarkeiten recht einschüchternd: welche Farben, welche Pinsel, wie reagiert das Papier, wie schnell trocknen sie unter diesen oder jenen Bedingungen etc.? Und man kann nicht überarbeiten. Sobald die Farbe auf dem Papier ist, war's das.

Ich nenne Aquarell »geplante Spontaneität«. Beim Auftragen der Farben muss man strategisch vorgehen, dabei sollen sie frisch aussehen, als hätten Sie sie gerade herbeigezaubert. Es gibt stapelweise Bücher über das Aquarellieren, hier also nur ein paar Tipps und Ideen. Lassen Sie sich nicht von dem Gedanken abschrecken, Sie könnten nicht malen! Es gibt viele simple Möglichkeiten Aquarellfarben einzusetzen. Es geht doch nichts über den Spaß, den Zeh ins Wasser zu tunken.

ROOI PING LIM, Australien

Seitengasse Taiwan Boulevard Section 1, Taichung

28 x 20 cm; Bleistift, Füller mit Platinum Carbon Ink, Aquarellfarben auf satiniertem 300-Gramm-Aquarellpapier Fabriano; mehr als 2 Stunden

82. Bekommen Sie ein Gefühl dafür.

Beim Aquarellieren geht es um ein Gefühl für Farben, Pinsel, Wasser, Papier und Luft. Alles Lesen darüber nützt nichts, irgendwann müssen Sie den Pinsel aufs Papier setzen. Oft. Üben, üben, üben Sie, bis Sie wissen, wie alles miteinander interagiert. Sehen Sie zu, wie andere malen, aus der Nähe. Klecksen Sie, haben Sie Spaß!

83. Aquarelliert wird von Hell nach Dunkel.

Mit deckenden Farben wie Öl oder Acryl arbeitet man von Dunkel nach Hell. Man fängt mit dunklen Farbtönen/Tonwerten an und setzt am Ende Helligkeiten oder Weiß, um ein Gefühl von Licht zu erzeugen.

Bei Aquarellfarben ist es umgekehrt. Sie sind ein transparentes Medium, und Weiß wird vom Weiß des Papiers beigetragen. Man fängt mit hellen Tonwerten an und baut Dunkelheiten auf. Manche Zeichner kolorieren gekonnt in einem Durchgang, doch Aquarellfarben sind wunderbar geeignet, um in Schichten zu malen.

84. Konsistenz ist alles.

Aquarellfarben sind wie Buntglas. Sie müssen so transparent sein, dass das Licht durch sie hindurch auf das Weiß des Papiers fallen kann, wo es reflektiert wird, sodass Ihre Augen das wunderbare Strahlen wahrnehmen können. Zu viele Pigmente verhindern die Reflexion des Lichts, und zu wenige Pigmente ergeben unbefriedigende, verwaschene Farben. Es kommt auf ein gutes Verhältnis von Farbe und Wasser an.

Denken Sie bei der Farbkonsistenz an vertraute Milchprodukte, von wässriger Magermilch bis zu fetter Sahne. Sie fangen mit sehr viel Magermilch an und bedecken damit den größten Teil des Blatts, und Sie enden mit kleinen Klecksen der dicksten Sahne, die für Kontrast und tolle Effekte sorgt.

ERSTE SCHICHT ·········> LETZTE SCHICHT

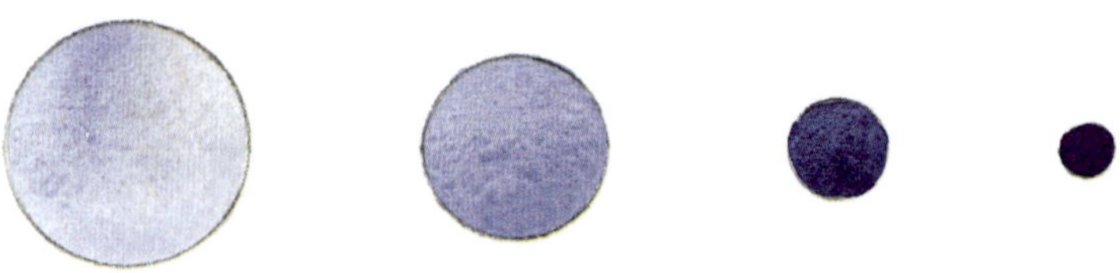

Magermilch bedeckt 70–95 % des Blatts. Diese hellste Schicht begründet Helligkeiten/Dunkelheiten und hält das Bild insgesamt zusammen. Nehmen Sie dafür einen großen Pinsel.

Teilentrahmte Milch bedeckt 50–80 % des Blatts. Diese Schicht definiert die großen Formen. Arbeiten Sie von hinten nach vorn, von oben nach unten.

Vollmilch bedeckt 20–40 % des Blatts. Diese dickere/dunklere Schicht definiert die Formen deutlicher.

Sahne bedeckt max. 5 % des Blatts. Diese dickste/dunkelste Schicht sorgt für Kontrast und Details. Nehmen Sie dafür einen kleinen Pinsel.

● 85. Malen Sie in Schichten.

Der Aufbau eines Bildes in Schichten erfordert Planung. Die erste Schicht auf dem weißen Papier ist hell und wässrig, Schicht um Schicht wird durch mehr Pigmente dunkler und dicker.

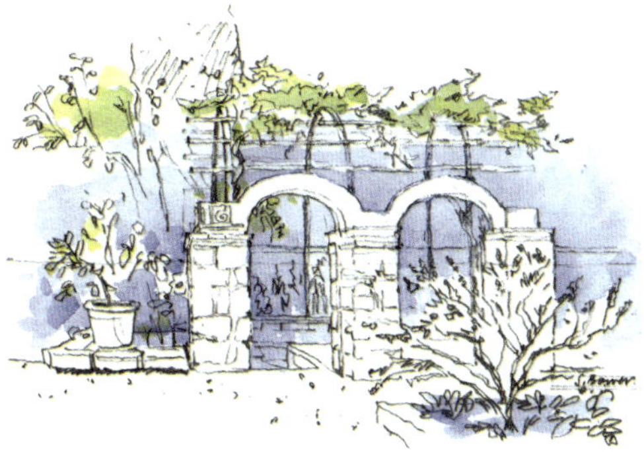

Die Untermalung, die erste wässrige Magermilchschicht, bedeckt den größten Teil des Blatts. Sie legt Helligkeiten und Dunkelheiten, warme und kühle Bereiche fest sowie, was in den Vordergrund und was in den Hintergrund tritt. Malen Sie über die meisten Formen drüber. Planen Sie gut, wo Sie weiße Stellen lassen für Sonne und Funkeln.

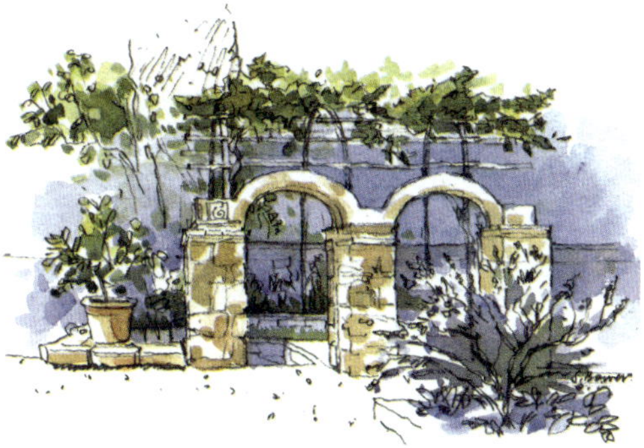

Weitere Schichten mit dickerer Farbe definieren nach und nach die Formen. Malen Sie Schattierungen und Schatten auf die Unterseite und Rückseite der Gegenstände.

Noch gibt es keine großen Kontraste. Die Zeichnung ist noch nicht ganz ausgebildet, aber sie ist auf einem guten Weg! Bleiben Sie dran!

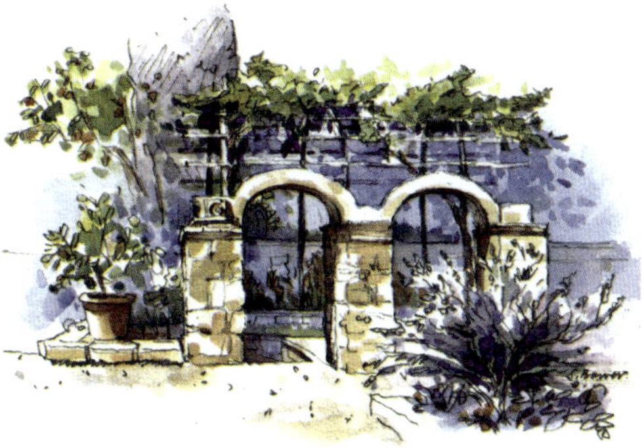

Die kleinen Flecken der dunkelsten und dicksten Sahnefarbe lassen die Zeichnung am Ende lebendig werden. Ein paar Flecken einer leuchtenden Farbe wie Orange beleben sie zusätzlich.

© STEPHANIE BOWER, USA

Tonys Garten in Civita

12,7 x 20,3 cm; Drehbleistift, Aquarellfarben Winsor & Newton auf satiniertem 300-Gramm-Aquarellpapier Arches; 1 Stunde

86. Arbeiten Sie mit einer eingeschränkten Farbpalette.

Beschränken Sie sich als Aquarellneuling zunächst auf eine oder zwei Farben, bis Sie ein Gefühl dafür haben. Sie können fast alles mit nur drei Farben malen, meist Vertreter der drei Grundfarben Gelb, Rot und Blau. Eine eingeschränkte Farbpalette sorgt für ein harmonisch koloriertes Bild.

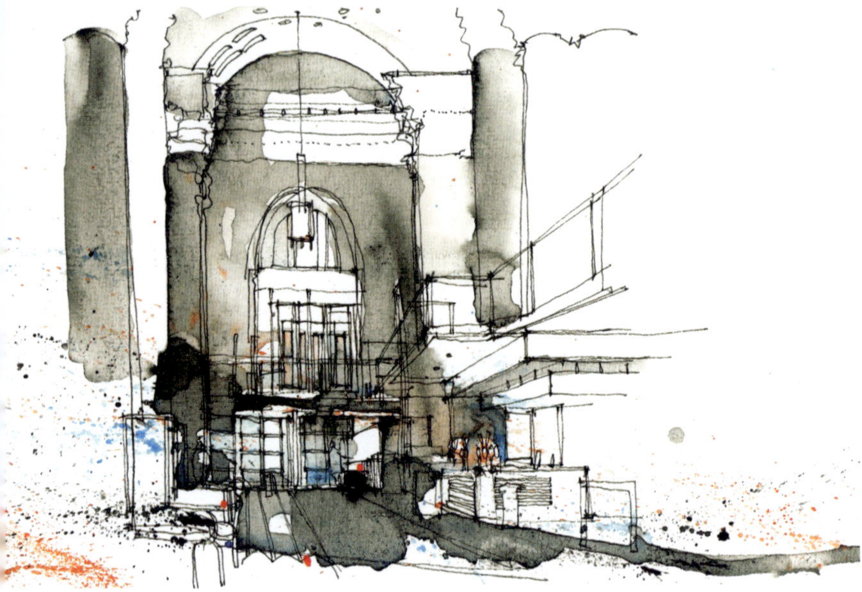

Ein neutrales Grau und ein wenig Blau und Orange vervollständigen diese Farbpalette. Schauen Sie, wie wunderbar wenige Spritzer Orange und Blau das viele Grau ausbalancieren.

SIMONE RIDYARD, Großbritannien

Innenraum des Royal Exchange Theatre, Manchester

15 x 25 cm; Fineliner und Aquarellfarben auf Aquarellpapier Seawhite; ca. 30 Minuten

Welches ist Ihre liebste Graumischung?

Sie können Grau mischen, indem Sie einander auf dem Farbkreis gegenüberliegende Farben wie Rot und Grün oder Blau und Orange mischen. Aber viele Künstler nehmen als Basis Ultramarinblau.

Versuchen Sie es für ein wunderschönes Grau mit einer **Mischung aus Ultramarinblau, Siena gebrannt und einem winzigen Klecks Alizarin Karmesin**.

Mehr Blau ergibt ein kühles Grau, mit mehr Siena neigt das Grau zu einem warmen Braun.

● 87. Nutzen Sie eine Farbe für eine starke Aussage.

Eine planvoll eingesetzte einzelne markante Farbe kann eine kraftvolle, ins Auge springende Wirkung entfalten.

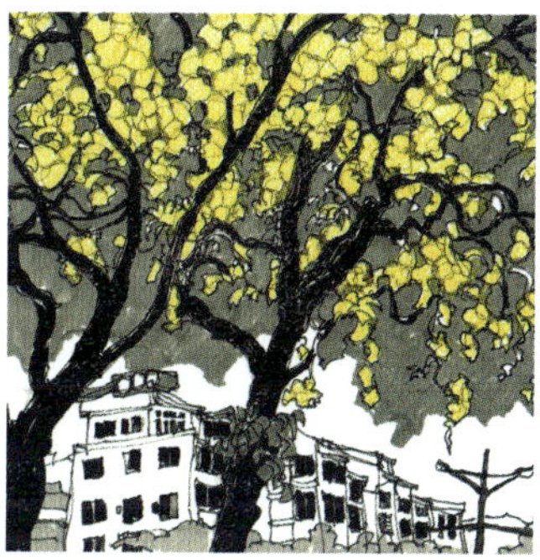

CHIH-WEI LIN, Taiwan

Indischer Goldregen

21 x 21 cm; Wachsmalkreide, Stift, Bleistift, Marker; 25 Minuten

ALIENBINBIN, China

Old Street in Guangzhou

42 x 21 cm; Skizzenbuch Moleskine; 3 bis 4 Stunden

● 88. Variieren Sie Farben.

Farbenvariationen hauchen Aquarellbildern Leben und Tiefe ein und sorgen für interessante Akzente. Versuchen Sie, die Konsistenz der Farbe zu verändern (verwenden Sie mehr oder weniger Wasser) und/oder den Farbton (die Abmischung). Mischen Sie auf Ihrer Palette oder auf dem Papier.

Fünf Möglichkeiten, Aquarellfarben zu variieren:

● Verschiedene Farben auf dem Papier ineinanderlaufen lassen

Statt alle Farben auf der Palette zu mischen, lassen Sie verschiedene Farben sich auf dem Papier vermischen. Tropfen Sie andere Farben in die noch nasse Farbe und sehen Sie zu, wie sie interagieren. Das nennt man Nass in Nass.

BEN LUK, Hongkong

Rose Mansion

30,5 x 22,9 cm; Stift, Wachsstift, Aquarellfarben; 1,5 Stunden

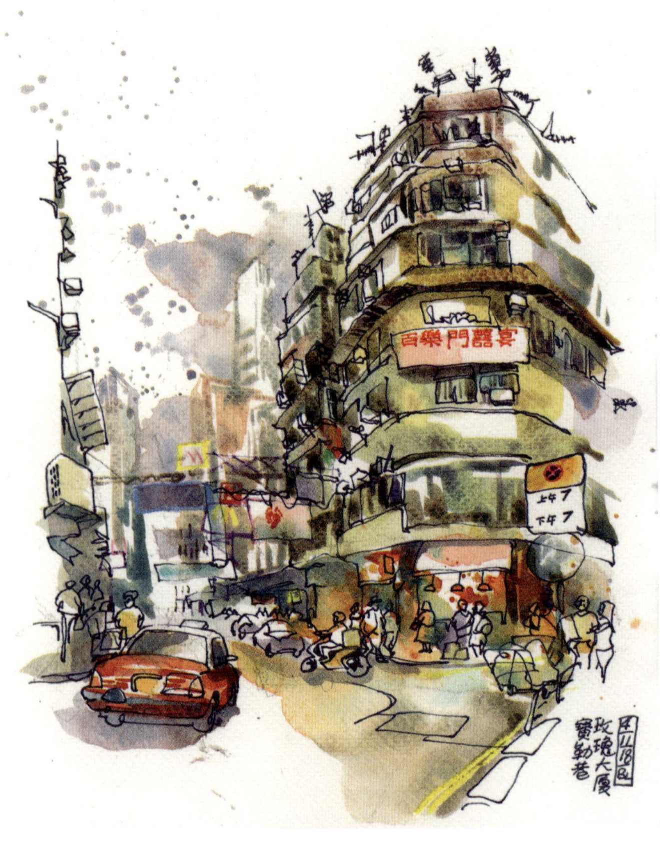

● Verschiedene Farben von der Palette aufnehmen

Mischen Sie die Farbe jedes Mal, wenn Sie welche von der Palette aufnehmen, ein wenig ab. Nehmen Sie auch wahllos Farbe auf und schauen Sie, was passiert!

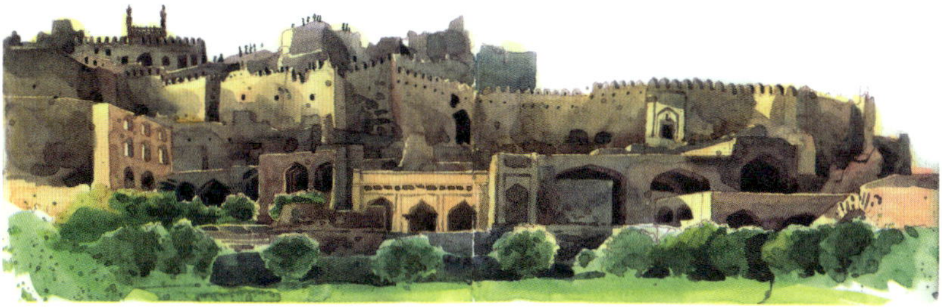

Statt eine flächige gelbe Mauer zu malen, hat Zainab mit dem Schichten vieler verschiedener Farben für Tiefe und Fülle gesorgt.

ZAINAB TAMBAWALLA, Indien

Festung Golconda, Hyderabad, Indien

17,5 x 50 cm; Füller Lamy Safari mit sketchINK Rohrer & Klingner, Aquarellfarben in Skizzenbuch Pentalic; 1,5 Stunden

● Das Papier schräg halten

Überlassen Sie die Arbeit der Schwerkraft. Wenn Farbe auf dem Blatt nach unten läuft, vertiefen sich die Farben, trennen sich und setzen sich auf wunderschöne Weise ab. Sie zeigen selbst im trockenen Zustand noch die wässrige Natur von Aquarellfarben.

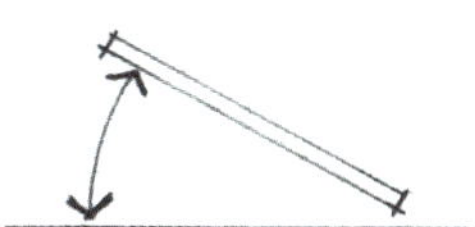

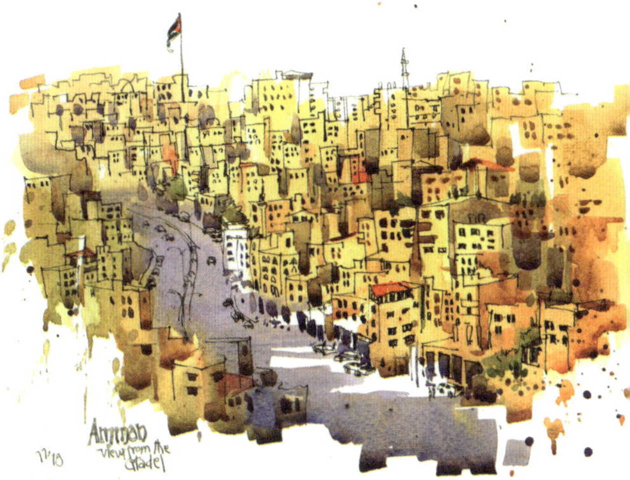

MONALI HALDIPUR, Indien

Blick von der Zitadelle, Amman, Jordanien

24 x 32 cm; Aquarellfarben, Fineliner Uni Pin 0.4 auf satiniertem 300-Gramm-Aquarellpapier Fabriano; ca. 2 Stunden

● Farbe von oben nach unten und von links nach rechts variieren

Die tiefste Farbe hat der Himmel unmittelbar über Ihnen, zum Horizont hin wird er immer heller und gelber. Variieren Sie die Farbe auch von links nach rechts, sodass die Seite, die der Sonne oder Lichtquelle näher ist, heller erscheint. In Kombination erhalten Sie einen wundervollen Himmel!

Solche Farbverläufe verleihen Ihrer Zeichnung Spannung und Tiefe. Aber auch andere Flächen werden damit interessanter.

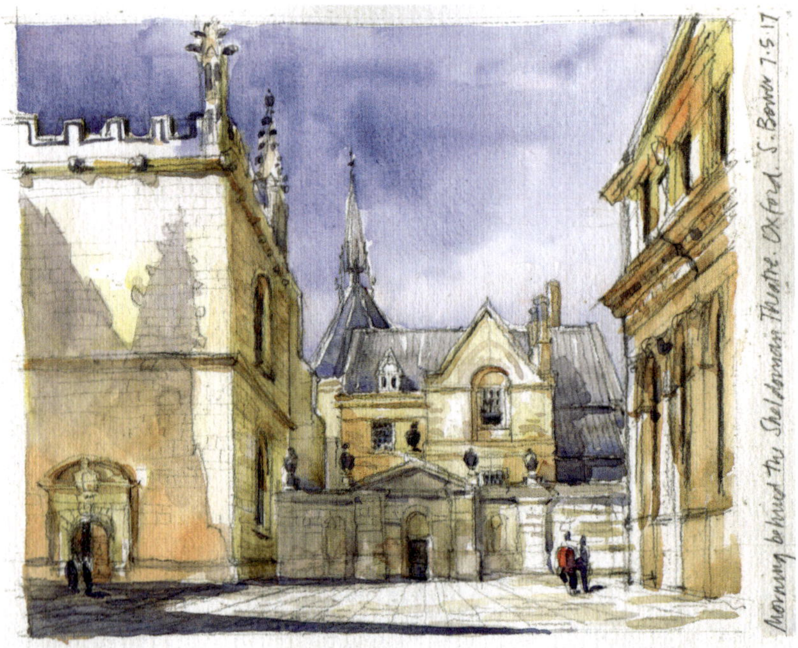

Hier weist der Himmel Farbverläufe in zwei Richtungen auf: ein dunkleres Blau auf der linken und ein helleres auf der rechten Seite; und ein dunkleres Blau oben und ein helleres zum Horizont hin.

Betrachten Sie die vielen Farbvariationen in den Schatten! Eine winzige Menge Quinacridon Orange gebrannt, in den noch nassen grau/lila Schatten getropft, sorgt für ein wunderbar glühendes reflektiertes Licht.

STEPHANIE BOWER, USA

Hinter dem Sheldonian Theatre, Oxford

15,2 x 20,3 cm; Drehbleistift und Aquarellfarben in Skizzenbuch Aqua Journal Pentalic; 1 Stunde

● Arbeiten Sie mit dem Farbkreis.

Schauen Sie auf dem Farbkreis, welche Farben links und rechts einer Farbe liegen. Das sind verwandte Farben. Wenn Sie z. B. ein Orange malen, fügen Sie aus der Farbfamilie Gelb hinzu, um den Farbton aufzuhellen, und Rot, um ihn zu vertiefen.

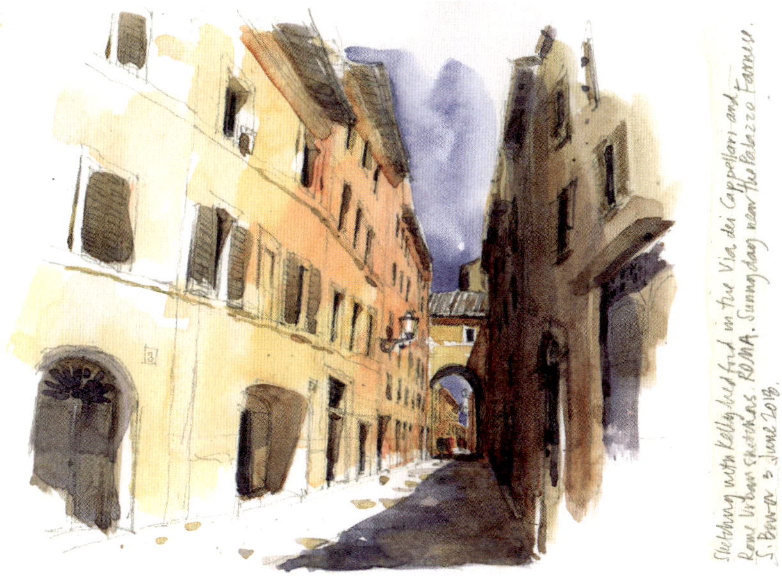

STEPHANIE BOWER, USA

Via dei Cappellari, Rom

17,8 x 25,4 cm; Drehbleistift und Aquarellfarben in Skizzenbuch Aqua Journal Pentalic; 1 Stunde

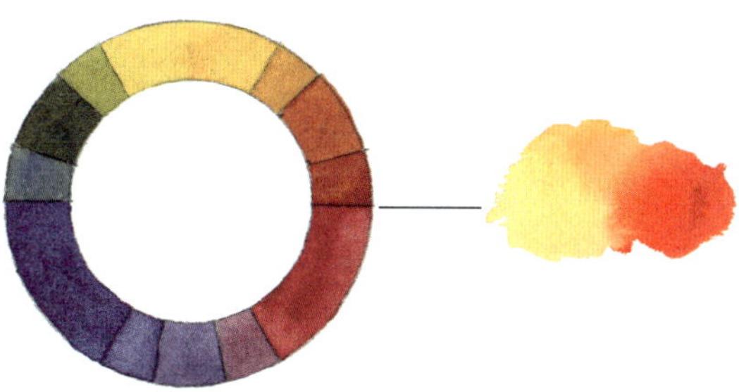

Um diese Palette benachbarter Farben zu malen, fangen Sie mit Ockergelb an. Solange es nass ist, tropfen Sie Pyrol Orange und Siena gebrannt hinein und lassen die Farben auf dem Papier ineinanderlaufen.

● 89. Kaufen Sie den dicksten Pinsel, den Sie sich leisten können.

Mit den winzigen Pinseln, die bei Aquarell-Sets dabei sind, kann man höchstens Briefmarken malen! Kaufen Sie sich lieber einen großen Pinsel, Größe 8, 10 oder 12. Einen, der sehr viel Farbe hält und eine schöne Spitze hat. Mit einem guten großen Pinsel können Sie breite und zarte Pinselstriche setzen, ohne den Pinsel zum Aufnehmen von Farbe dauernd eintauchen zu müssen.

● 90. Farbe darf spritzen, tropfen und laufen.

Solche witzigen Kleckse geben Ihrer Zeichnung Bewegung und Spontaneität. Schnippen Sie den Pinsel oder nehmen Sie die Borsten einer Zahnbürste. Decken Sie den Teil, wo Sie keine Spritzer haben wollen, mit der Hand oder einem Stück Papier ab!

➲ SIMONE RIDYARD, Großbritannien

Skyline von Kuala Lumpur (aus dem 25. Stock des Pullman KLCC Hotels)

28 x 15 cm; Fineliner und Aquarellfarben auf Aquarellpapier Seawhite; ca. 45 Minuten

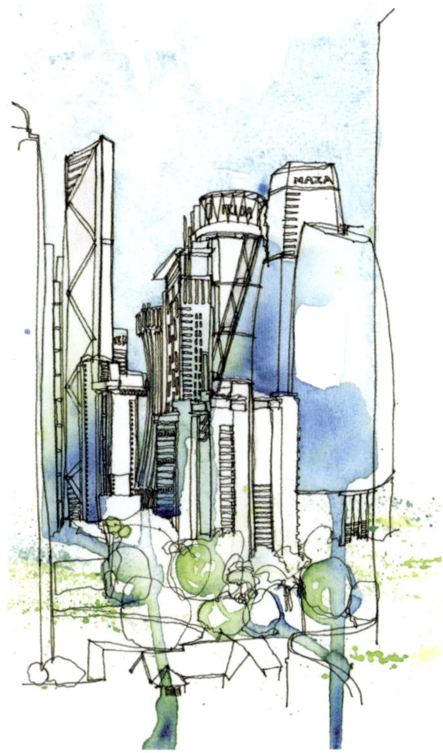

● 91. Freuen Sie sich über »Missgeschicke«.

Die falsche Farbe aufgenommen? Arbeiten Sie damit. Farben beim Trocknen ausgeblüht? Verwenden Sie es. Was zunächst als Fehler erscheint, ist am Ende oft der beste Teil der Zeichnung.

● 92. Schattierung vs. Schatten beim Arbeiten mit Farben

Wie bei den Grauwerten unterscheiden sich Schattierungen und Schatten auch beim Einsatz von Farben. Schatten sind dunkel und kühl und bewegen sich in Richtung Grau-Blau-Lila. Schattierungen sind heller und von wärmerer Farbtemperatur. Schauen Sie nur, wie es leuchtet, wenn Sie Tonwerte abwandeln und wärmere Farbtöne in die noch nasse Farbe tropfen lassen!

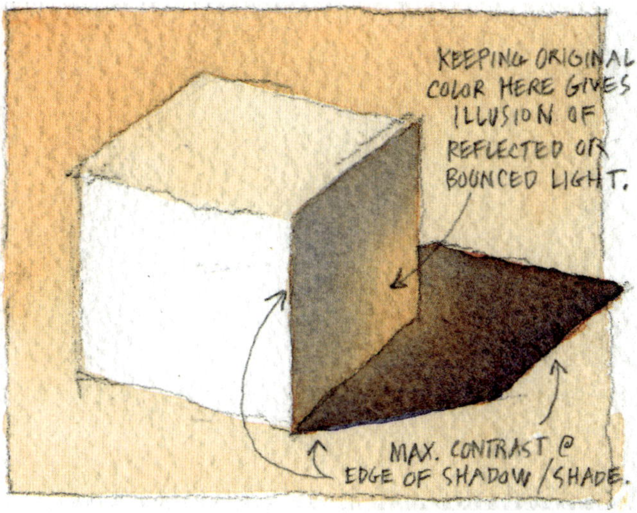

⮌ JAMES AKERS, USA

Schattenspiele

7,6 x 7,6 cm; Wasser, Farbe, Pinsel, Papier; 20 Minuten

Jamies kleines Bild ist eine perfekte Erklärung der Farbigkeit von Licht, Schattierung und Schatten. Entscheiden Sie, von wo das Licht kommt, und achten Sie darauf, die Weißflächen offen zu lassen.

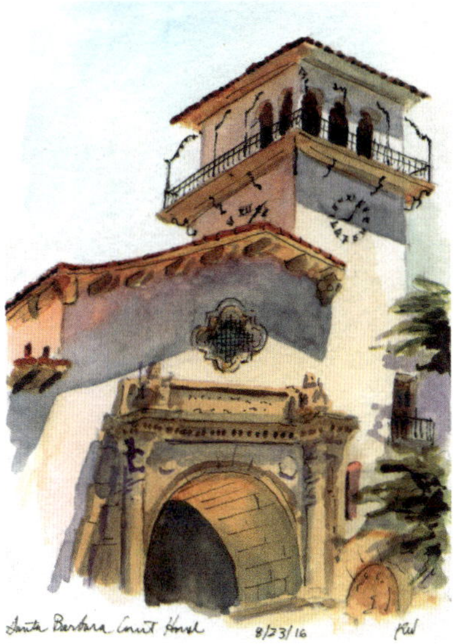

➲ KATIE WOODWARD, USA

Gerichtsgebäude Santa Barbara

22,9 x 15,2 cm; Drehbleistift, Aquarellfarben, Fineliner Pigma Micron; ca. 45 Minuten

93. Verwenden Sie verschiedene Farbtöne, um Tiefe zu zeigen.

Was die räumliche Tiefe einer Zeichnung angeht, treten warme Farbtöne wie Gelb und Rot gern nach vorn. Kühle Farbtöne wie Blau und Lila ziehen sich in den Hintergrund zurück.

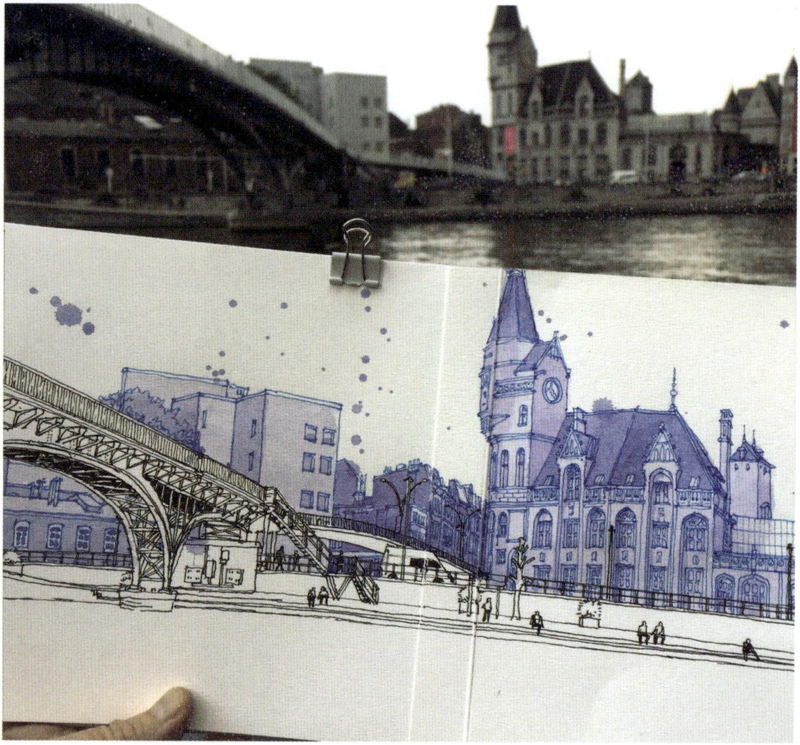

NINA JOHANSSON, Schweden

Blick über die Maas in Lüttich

18 x 48 cm; Füller mit abgewinkelter Feder mit schwarzer Tinte, Tuschestift PITT Artist Pen Faber-Castell und Aquarellfarben; 2 Stunden

Das Blau lässt die Gebäude in den Hintergrund treten.

BIJAY BISWAAL, Indien

Nagpur-Orange

35,5 x 56 cm; Bleistift und Aquarellfarben; 1,5 Stunden

Zwischen den überwiegend neutralen Farben in Bijays Straßenszene glühen die strahlenden Gelb-, Rot und Blautöne, die auf Augenhöhe erscheinen, und ziehen den Blick ins Bild.

94. Nutzen Sie die Wirkung großer Kontraste.

Ein starker Kontrast zwischen Gebäuden und Hintergrund unterstreicht die Gesamtwirkung des Bildes. Es gibt zwei Ansätze:

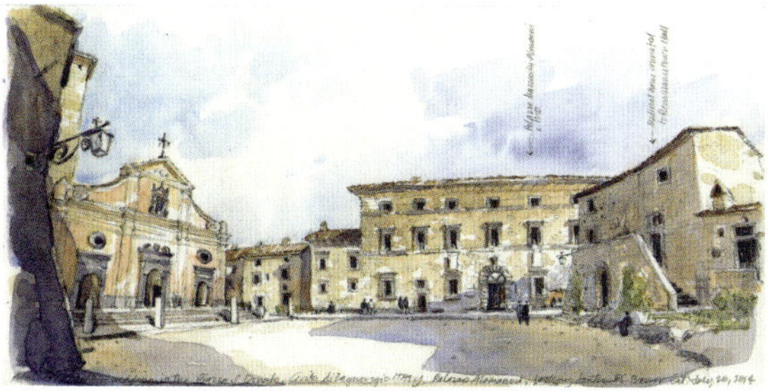

Dunkles Gebäude vor hellem Himmel.

© STEPHANIE BOWER, USA

Piazza San Donato (oben)

Tempel, Bangkok, Thailand (unten)

20,3 x 40,6 cm; Bleistift und Aquarellfarben auf Aquarellblock Fluid; 1 Stunde

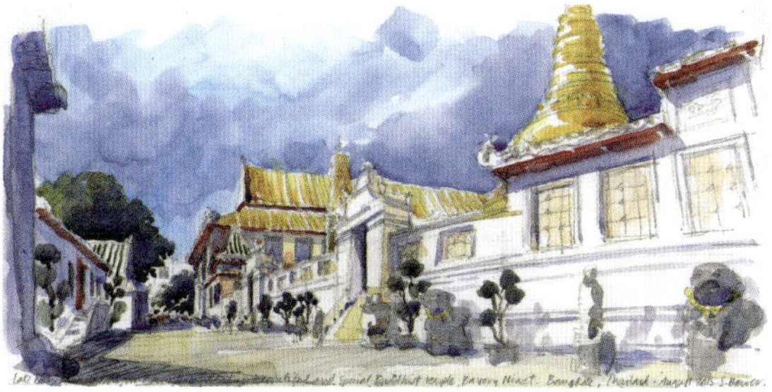

Helles Gebäude vor dunklem Himmel.

95. Verwenden Sie strahlende Farben, um geschäftiges Treiben festzuhalten.

Setzen Sie auf Augenhöhe auffällige Farben wie Orange, Rot und strahlendes Blau, um Menschen und fröhliches Treiben anzudeuten. Selbst willkürliche Farbpunkte lassen gleich an einen belebten Markt oder Straße denken.

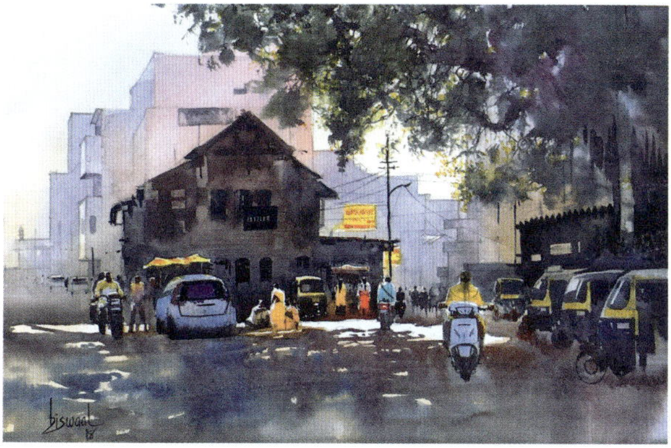

● 96. Setzen Sie Licht, selbst an einem wolkigen Tag.

Ein diagonaler Lichtstreifen auf einer Hauswand hellt Ihre Zeichnung auf. Setzen Sie auch an grauen Tagen einen Lichteinfall und halten Sie die Stelle frei, damit das weiße Papier durchscheinen kann.

Alex malt in Paris, wo der Himmel oft bedeckt ist. Der diagonale Streifen weißes Papier deutet an, in welchem Winkel die Sonne auf das Gebäude fällt. Er macht die Zeichnung lebendig.

➲ ALEX HILLKURTZ, Frankreich

Café Français

30 x 20 cm; Füller Guilloche Faber-Castell (F) mit Noodlers Polar Black und Aquarellfarben; 1,5 Stunden

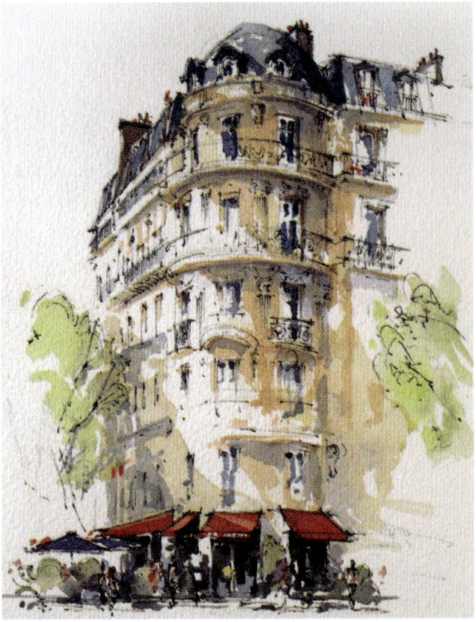

● 97. Auch der Himmel hat Perspektive!

Wolken, die nah sind, wirken größer, während Wolken in der Ferne kleiner und dichter gedrängt erscheinen. Setzen Sie statt flache, horizontale lieber schräge Pinselstriche, um Bewegung und Perspektive hinzuzufügen. Ändern Sie die Farbe vom Vordergrund zum Hintergrund in der Ferne hin ab.

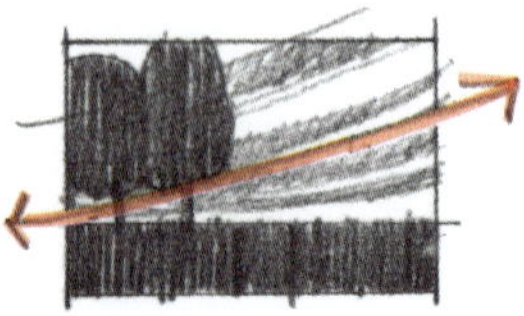

➲ SHARI BLAUKOPF, Kanada

Fußweg

28 x 35,5 cm; Bleistift und Aquarellfarben; 1,5 Stunden

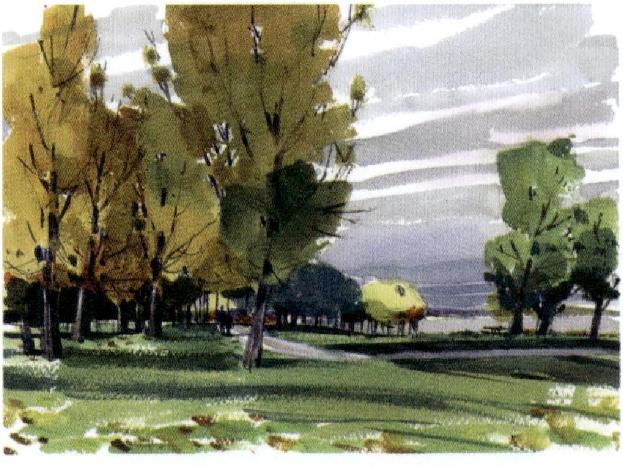

● 98. Setzen Sie Spiegelungen, das sorgt für Dramatik und Licht.

Wasser, glänzende Böden und Glas sind *die* Gelegenheit, Licht in Ihrer Zeichnung dramatisch in Szene zu setzen. Dunkle Formen spiegeln sich als dunkle Bereiche, Licht als Licht, und weiße Flecken waren noch nie so wichtig wie hier!

Doch Spiegelungen sind nicht zwingend perfekte Spiegelbilder. Je nach der Beschaffenheit der reflektierenden Oberfläche sehen wir reflektierte Formen verlängert, gestreckt oder mit unregelmäßigen Rändern.

Denken Sie über die reflektierende Fläche nach. Glatte Steinböden reflektieren Hell und Dunkel mehr oder weniger unmittelbar. Eine bewegte Oberfläche, wie Wasser, spiegelt sehr unregelmäßig.

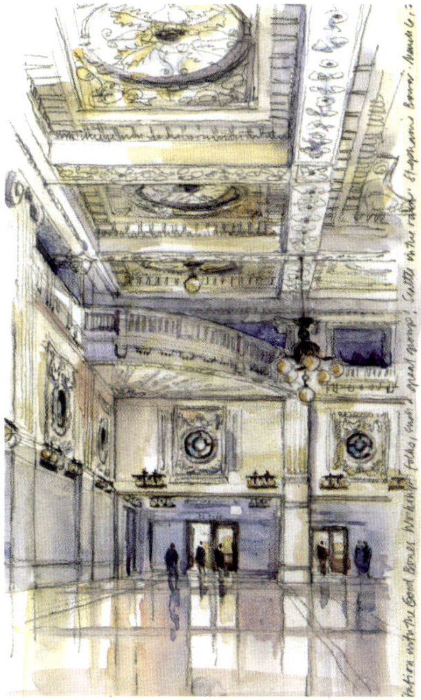

➲ **STEPHANIE BOWER, USA**

Bahnhof King Street, Seattle

40,6 x 20,3 cm; Drehbleistift und Aquarellfarben auf Aquarellblock Fluid; 1 Stunde

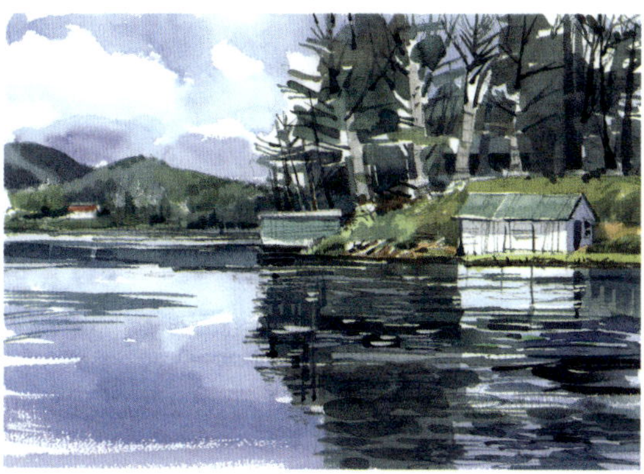

➲ **SHARI BLAUKOPF, Kanada**

See im Nachmittagslicht

28 x 38 cm; Bleistift und Aquarellfarben; 1,5 Stunden

99. Übertreiben Sie die Farben ein wenig …

Eine graue Mauer muss nicht grau sein! Übertreiben Sie, um Ihre Zeichnung zu beleben, die Farben ein wenig … oder ins Extrem.

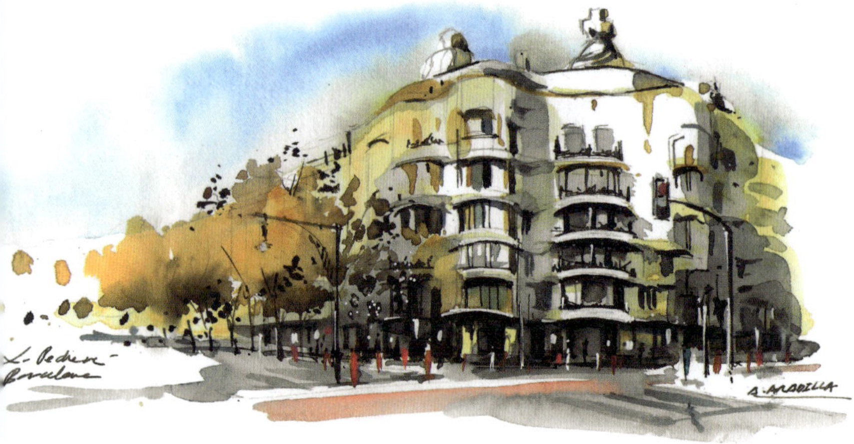

ALICIA ARADILLA, Spanien

La Pedrera, Barcelona

26 x 15 cm; Bleistift, Aquarellfarben, Marker und Füller mit wasserfester Tinte; 50 Minuten

Gaudís »La Pedrera« hat in Wirklichkeit einen warmen Beigeton, doch Alicia hat die Farben ein wenig mehr in Richtung Weiß, hellere Gelb- und dunklere Grautöne verändert.

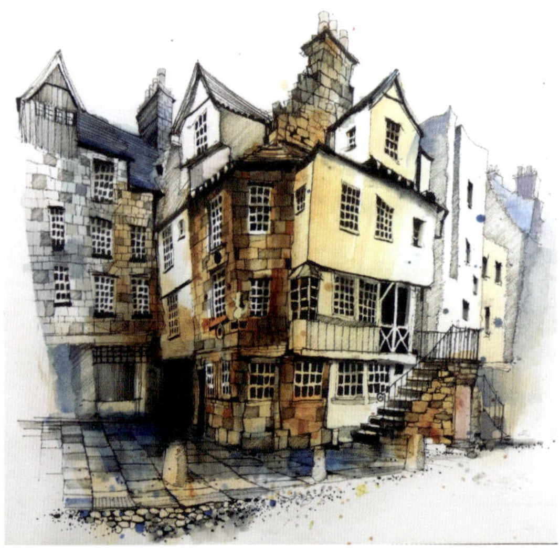

IAN FENNELLY, Großbritannien

John Knox House in Edinburgh

30 x 40 cm; Pinselstift und Aquarellfarben; 3 Stunden

Ian bringt seine fantastischen Linienzeichnungen mit Farben zum Strahlen. Hier schieben sich warme Gelbtöne nach vorn, während die kühlen Blautöne in den Hintergrund treten.

… oder übertreiben Sie die Farben richtig!

➲ MARU GODÀS, Spanien

Mission Bay, San Francisco

Nach dem Workshop »Gouache Like a Child«

33,4 x 33,2 cm; Gouache, Buntstifte und Wachspastelle Neocolor Caran d'Ache in handgebundenem Skizzenbuch mit mattem Papier von Schöllershammer; mehr als 45 Minuten

Marus schnelle Pinselstriche, der schräge Aufbau und natürlich die kräftigen Farben lassen ihre Bilder vor Energie pulsieren.

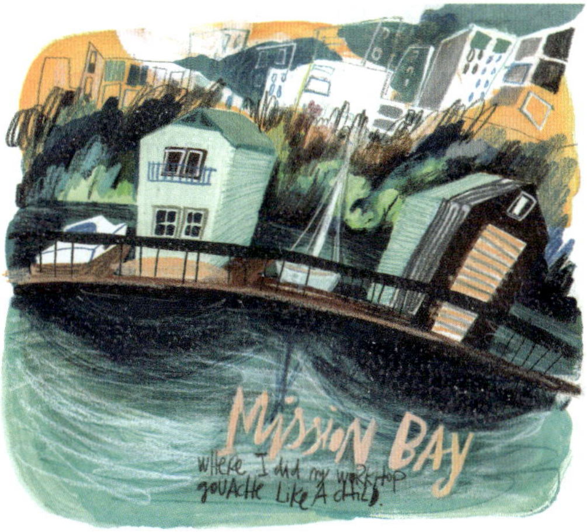

℧ ELEANOR DOUGHTY, USA

Yongkang Street, Da'an Bezirk, Taipeh

22,9 x 30,5 cm; Acrylmarker Posca in handgebundenem Skizzenbuch mit satiniertem 200-Gramm-Papier; 1,5 Stunden

Warum einen blauen Himmel oder einen grünen Baum malen? Ellie treibt die Farben ins Extrem, was eine ganz besondere und skurrile Wirkung hat.

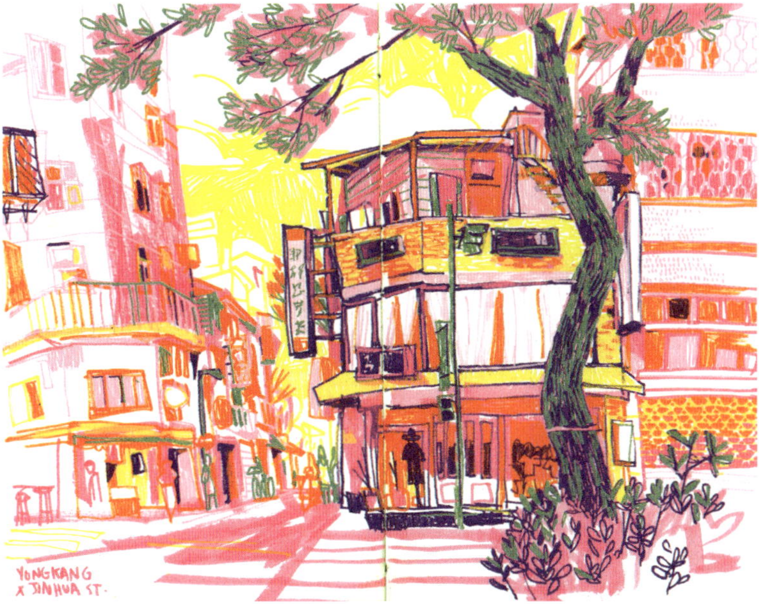

● 100. Der wichtigste Teil Ihres Bildes ist die Stelle, wo Sie *nicht* malen.

Paradox, nicht wahr? Aber absolut zutreffend! Offene Stellen betonen die vielen schönen, satten Farben. Planen Sie zunächst, welche Bereiche Sie weiß lassen wollen, und heben Sie den Pinsel beim Malen oft an, damit zwischen den Pinselstrichen hier und da das weiße Papier durchscheint. Ihre Zeichnung darf strahlen!

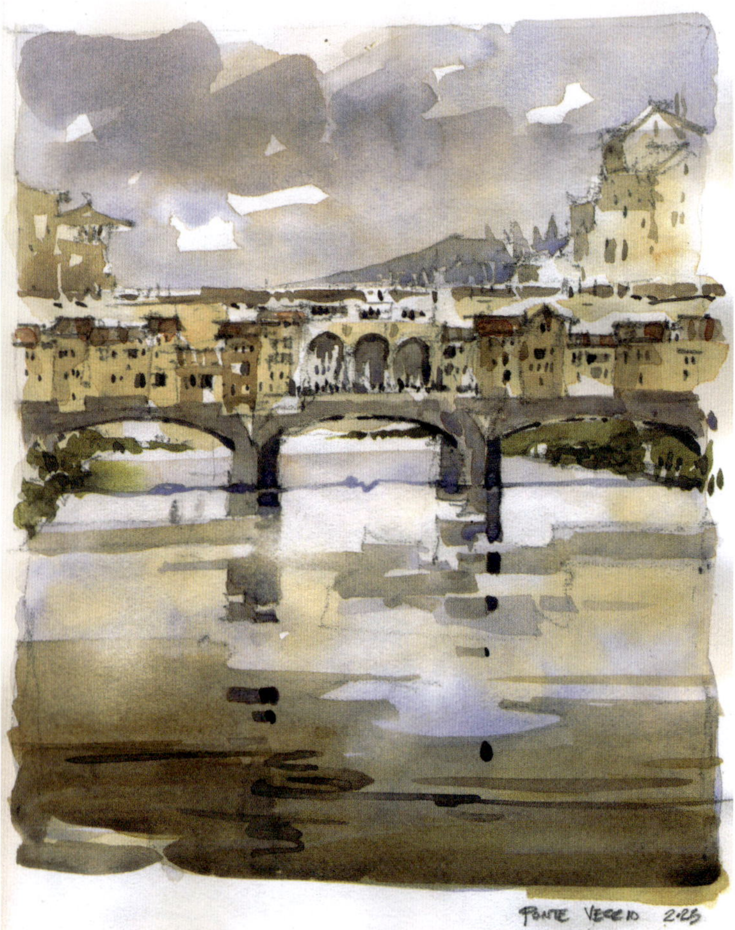

IAIN STEWART, USA und Schottland

Ponte Vecchio, Florenz

28 x 23 cm; Grafit und Aquarellfarben; ca. 1 Stunde

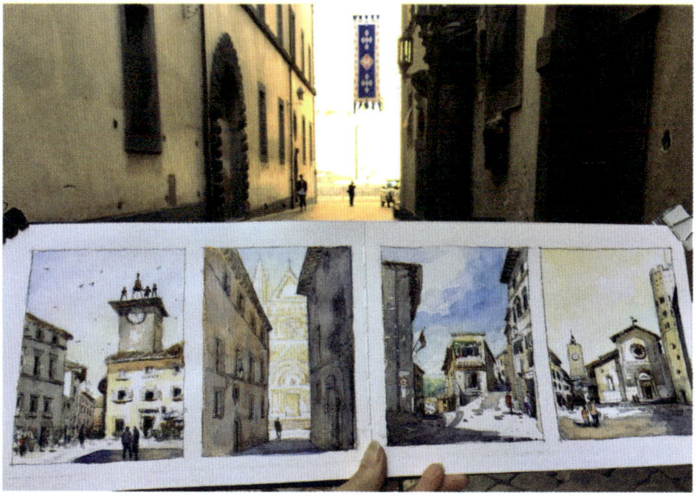

● 101. Genießen Sie die Reise.

STEPHANIE BOWER, USA

Straßen von Orvieto, Italien

17,8 x 50,8 cm; Bleistift, Aquarellfarben in Skizzenbuch Aqua Journal Pentalic; 3 Stunden

Es ist frappierend, welche Kraft das Zeichnen hat. An dem Tag, an dem Notre-Dame in Flammen aufging, holten die Glücklichen, die einmal dort gewesen waren und sie gezeichnet hatten, ihre Zeichnungen hervor und posteten sie im Internet. Die Tragödie hat viele Menschen berührt. Warum haben wir geweint?

Was wir zeichnen, wird für immer ein Teil von uns. Wir schauen sehr genau hin, spüren die Luft, hören die Geräusche um uns herum und mehr. Wir lernen etwas über das, was wir sehen. Wir sind so konzentriert und im Flow, dass wir jedes Zeitgefühl verlieren. Wir saugen alles in uns auf und lassen es in unsere Zeichnung einfließen. Zeichnen hat wirklich etwas Magisches, und einen Augenblick unseres Lebens in einer Zeichnung einzufangen ist etwas Besonderes.

Ob Sie also zeichnen oder malen, zu Hause arbeiten oder auf der Straße, der letzte Tipp in diesem Buch lautet: Genießen Sie Ihre fantastische Zeichenreise. Sie wird die Art und Weise, wie Sie die Welt erleben, verändern. Hangeln Sie sich durch die schlechten Tage, denn es kommen auch wieder gute. Nehmen Sie die Mühen als Teil des Prozesses an, denn sie bedeuten, dass Sie lernen und wachsen. Je mehr Sie zeichnen, desto bereichernder wird es, besonders, wenn Sie sich mit anderen zusammentun. Es geht nicht um das Ziel, es geht wirklich um die Freude am Weg.

Sehen Sie Ihre Welt genauer, eine Zeichnung nach der anderen.

ÜBUNGEN

1. ☐ Zeichnen Sie drei Tonwertskalen mit unterschiedlichen Strichen.
2. ☐ Zeichnen Sie Menschen in einem Café.
3. ☐ Zeichnen Sie Menschen von oben.
4. ☐ Zeichnen Sie Menschen von unten.
5. ☐ Malen Sie zehn verschiedene Himmel.
6. ☐ Zeichnen Sie einen Turm wie eine Hochzeitstorte.
7. ☐ Zeichnen Sie Ihr Essen.
8. ☐ Zeichnen Sie mit Hilfe des 1,5-Meter-Lineals Möbel.
9. ☐ Klecksen Sie auf Ihr Bild.
10. ☐ Lassen Sie die Farben laufen.
11. ☐ Planen Sie, was Sie weiß lassen.
12. ☐ Fügen Sie einer Straßenskizze Spiegelungen hinzu.
13. ☐ Zeichnen Sie ein schräges Dach.
14. ☐ Zeichnen Sie eine Reihe von Stufen.
15. ☐ Zeichnen Sie Menschen in Bewegung.
16. ☐ Zeichnen Sie mit Bleistift eine offene Tür.
17. ☐ Malen Sie eine offene Tür in Farben.
18. ☐ Probieren Sie fünf verschiedene Stifte aus, welcher Ihnen am besten liegt.
19. ☐ Malen Sie einen dunklen Himmel.
20. ☐ Legen Sie mit der Zwei-Drittel-Methode eine Zeichnung an.

BEN LUK, Hongkong

Mondfest

21 x 21 cm; Stift und Aquarellfarben; 1 Stunde

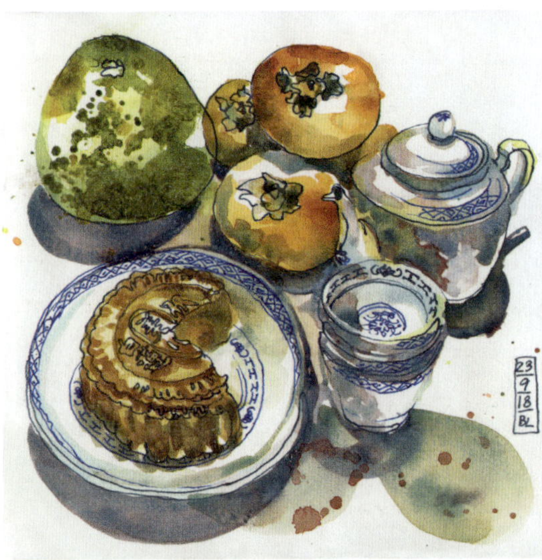

DANK

Die Welt ist voller fantastischer Zeichnerinnen und Zeichner, und es ist mir eine Ehre und ein Vergnügen, eine Handvoll hier vorzustellen. Ich bewundere euer Talent und ich danke euch, dass ich eure Arbeiten hier zeigen darf.

Ihr bereichert das Leben der Urban Sketchers überall auf der Welt, auch meines. Ich habe meine Community gefunden, und dafür werde ich euch ewig dankbar sein.

Ich danke Mary Ann Hall und dem Team von Quarry Books; auch eure Kreativität ist hier eingeflossen. Danke!

Meine Dankbarkeit gegenüber meiner Familie und meinen Freundinnen und Freunden, deren unglaubliche Unterstützung all das möglich macht, kann ich gar nicht in Worte fassen.

Schließlich gilt mein tief empfundener Dank meinen vielen Schülerinnen und Schülern über die Jahre: Ich habe sehr viel von euch gelernt.

ÜBER DIE AUTORIN

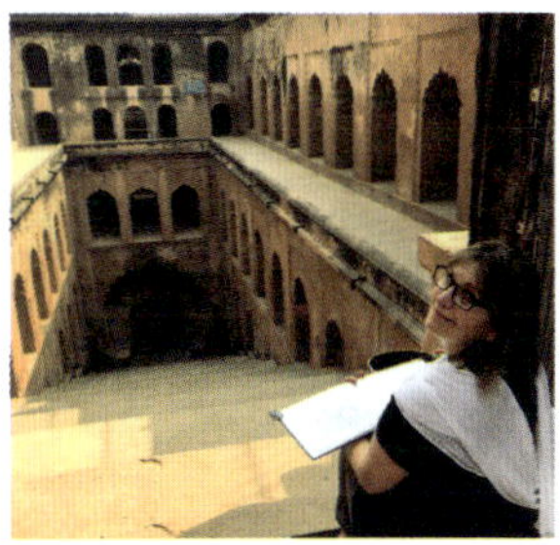

Stephanie Bower lässt ihre Erfahrungen als Lehrerin, Illustratorin, Architektin und Urban Sketcher auf Reisen in dieses Buch einfließen. Auch das dritte Buch dieser Reihe, »Perspektive verstehen. Einfache Techniken für das Urban Sketching« stammt aus ihrer Feder. Sie ist *die* Dozentin für alles, was mit Perspektive zu tun hat.

Bevor sie sich der Architekturzeichnung und dem Konzeptdesign zuwandte, hatte sie in New York City als Architektin gearbeitet. In Seattle fertigt sie mit Bleistift und Aquarellfarben Architekturillustrationen für viele renommierte Architektur- und Designbüros. Sie wurde zwei Mal mit dem KRob Architectural Delineation Award for Best Travel Sketch ausgezeichnet und erhielt 2013 den Gabriel Prize.

Seit über 25 Jahren unterrichtet sie die Grundlagen des architektonischen Zeichnens – ein Jahrzehnt in New York City an der Parsons, in Seattle an der University of Washington und am Cornish College of the Arts und seit kurzem in ihren beliebten Zeichenkursen, die sie »Good Bones« nennt. Sie war Dozentin bei sechs Urban-Sketchers-Symposien, gibt Workshops überall in der Welt sowie online und ist Signature Member der Northwest Watercolor Society.

Durch das Zeichnen lernt sie immer noch sehr viel über Architektur, und sie erfüllt sich ihren lebenslangen Traum, die Welt zu sehen, zu zeichnen, zu unterrichten und Menschen zu ermutigen, die Welt durch die Magie des Zeichnens zu erfassen.

Webseite und Workshops: www.stephaniebower.com
Blogs: Drawing Perspectives (www.drawingperspectives.com) &
www.urbansketchers.org
Instagram: @stephanieabower
Facebook: stephanieabower.Seattle
Online classes: www.mybluprint.com (früher Craftsy)

BETEILIGTE KÜNSTLERINNEN UND KÜNSTLER

Akers, James
USA
www.akersdesignrender.com

Aradilla, Alicia
Spanien
IG @a.aradilla

Bajzek, Eduardo
Brasilien
IG @bajzek

Biswaal, Bijay
Indien
www.biswaal.com

Blaukopf, Shari
Kanada
www.blaukopfwatercolours.com

Bower, Stephanie
USA
FB | IG
@stephanieabower

Briggs, Richard
Australien
www.richardbriggs.com.au

Campanario, Gabriel
USA
IG @gabicampanario

Ch'ng, Kiah Kiean
Malaysia
www.kiahkiean.com

Chih-Wei Lin
Taiwan
FB | IG @art_shrimp

Costa, Hugo Barros
Portugal und Spanien
IG @yolahugo

Doughty, Eleanor
USA
www.edoughty.com

Fennelly, Ian
Großbritannien
IG @ianfennelly

Godàs, Maru
Spanien
IG @marugodas

Haldipur, Monali
Indien
IG @monali.haldipur

Hanchett, Josiah
USA
IG @jdhanchett

Heaston, Paul
USA
IG @paulheaston

Heston, Sue
USA
IG @sue.heston

Hillkurtz, Alex
Frankreich
IG @Hillkurtz

Hind, Richard
Großbritannien
IG @richhind

Jeong Seung-Bin
Südkorea
IG @90gram

Jianzhong Wu
Hongkong
FB | IG @wujianzhong

Johansson, Nina
Schweden
IG @nina_sketching

Kudriashova, Alena
Russland und Singapur
www.mysquiggles.com

Lim, Rooi Ping
Australien
IG @sketching_rooism

Low, Don
Singapur
IG @donlowart

Luk, Ben
Hongkong und China
IG @sketcher_ben

Meier-Pauken, Klaus
Deutschland
IG @ Architekturzeichnen

Murandi, Andika
USA
IG @andikamurandi

Reddy, Steven
USA
www.stevenreddy.com

Ridyard, Simone
Großbritannien
www.simoneridyard.co.uk

Sabler, Rita
USA
IG @ritasabler

Sae-Aung, Prayut
Thailand
IG @prayutsaeaung

Shi, Zhifang
China
IG @zhifangs

Shirodkar, Suhita
USA und Indien
IG @suhitasketch

Shmatnik, Andrey
Kanada
IG @andreysh555

Sketcherman, Rob
Hongkong
IG @robsketcherman

Snider, Gavin
USA
IG @gavindedraw

Stewart, Iain
USA und Schottland
www.stewartwatercolors.com

Tambawalla, Zainab
Indien
IG @zainabtambawalla

Trihandono, Artyan
Indonesien
IG @artyan_trihandono

Travers, Stephen
Australien
IG @stephentraversart

Tryon, Jerome
USA
IG @jerometryon

Woodward, Katie
USA
IG @ramblingsketcher

Williams, Angela
Australien
IG @lunchsketch

Wilson, Anna
Australien
www.annawilsonink.com

Yang Guo Bin
China
IG @alienbinbin

IG steht für Instagram
FB steht für Facebook